Heinrich Heines Geschwister

Charlotte, Gustav, Maximilian

AF200675

Leipzig, i.Engl. Kunst Anstalt v. A.H.Payne sc.

DAS STADTHAUS.

Sylvia Steckmest

Heinrich Heines Geschwister

Charlotte, Gustav, Maximilian

mit einem Vorwort von
Christian Liedtke

Gestaltung und Satz: Christian Wöhrl, Hoisdorf
Frontispiz: Stadthaus am Neuen Wall in Hamburg, rechts davon wohnte Charlotte von Embden kurz nach ihrer Eheschließung. Bildarchiv Jens Wunderlich
Abbildungen der Personen: Heinrich-Heine-Institut, Düsseldorf

Bibliografische Information der Deutschen Nationalbibliothek
Die Deutsche Nationalbibliothek verzeichnet diese Publikation in der Deutschen Nationalbibliografie; detaillierte bibliografische Daten sind im Internet über http://dnb.dnb.de abrufbar.

Herstellung und Verlag:
BoD – Books on Demand, Norderstedt
ISBN 9783744885201

Inhaltsverzeichnis

Vorwort

Christian Liedtke

„Familienmisére" und „Bonbons"

Auch die Eisenbahnen wirken
Heilsam aufs Familienleben,
Sintemal sie uns erleichtern
Die Entfernung von der Sippschaft.[1]

Diese sarkastischen Verse Heinrich Heines deuten an,
dass das Verhältnis des Dichters zu seiner eigenen Familie durchaus nicht ungetrübt war – im Gegenteil, mit der
„Sippschaft" verband ihn eine komplizierte, mitunter sogar problematische Beziehung, die auf sein Leben und
sein Werk nachhaltigen Einfluss hatte. Manche Aspekte
davon erschließen sich nur nachträglich aus Andeutun-
gen, etwa in Heines autobiographischen Erinnerungs-
texten oder in zu seinen Lebzeiten unveröffentlichten
Gedichten wie dem oben zitierten, andere aber lagen
schon für die Zeitgenossen offen zutage: Das schwierige
Verhältnis zu seinem Onkel Salomon Heine oder sein
späterer Zwist mit dessen Sohn und Erben Carl Heine
waren nicht nur im persönlichen Umfeld der Familie bekannt, sondern Gegenstand öffentlicher Erörterungen in
der Presse. Solche Meldungen aus dem Privatleben des
populärsten wie umstrittensten Schriftstellers seiner

---

1   DHA III, 162

7

Zeit hatten stets hohen Nachrichtenwert. Dass sie oft eine negative Tendenz hatten, gehörte, zusammen mit der zeitweiligen finanziellen Abhängigkeit von Salomon Heine oder der Tatsache, dass manche Verwandte sich öffentlich oder verdeckt gegen ihn stellten oder mit prominenten Heine-Gegnern assoziierten, zu jenen privaten wie politischen Faktoren, die seine Schriftstellerexistenz und seine Position im öffentlichen Leben so belasteten.

Heinrich Heines Geschwister blieben jedoch stets ausgenommen von den Leiden an seiner „Familienmisére"[2] und seinen mitunter bitteren Klagen darüber. Wenn sein Verhältnis zu ihnen auch nicht immer spannungsfrei war, so verband ihn mit Charlotte, Gustav und Maximilian doch stets ein Grundvertrauen, das auch durch einzelne kritische Momente oder lange Phasen brieflichen Stillschweigens nicht dauerhaft erschüttert werden konnte. Es basierte auf starken gemeinsamen Erinnerungen an die ersten Lebensjahre in Düsseldorf – die einzige Zeit, in der die Eltern Betty und Samson Heine mit allen ihren vier Kindern zusammenlebten – und äußerte sich in den Briefen, die sie einander schrieben, immer wieder vor allem in gutmütigen Scherzen und gegenseitigem geschwisterlichem Spott.

Diese Briefe gehören zu den wichtigsten Quellen, die in diesem Buch präsentiert werden. Sylvia Steckmest zeigt hier Charlotte, Gustav und Maximilian Heine als wichtige Figuren in der Biographie ihres berühmten Bruders, rückt sie aber vor allem auch einmal selbst, als eigenstän-

---

2 HSA XXII, 209.

dige Persönlichkeiten mit wendungsreichen Lebensläufen und beachtlichen Karrieren in den Mittelpunkt und gibt damit sozialgeschichtliche Einblicke in das Leben einer prominenten jüdischen Familie im Deutschland des 19. Jahrhunderts.

Das innigste Verhältnis hatte Heine zweifellos zu seiner Schwester. Dass sie „unsäglich von mir geliebt wird, daß ich ihr mit zärtlichen Gefühlen, wie sie bei Brüdern selten sind, zugethan bin"[3], bekannte er gegenüber seinem Freund und Schriftstellerkollegen Karl Immermann, und ihr selbst schrieb er einmal, es gäbe „niemand auf der Welt in dessen Gesellschaft es mir wohler zu Muth wäre als in der meiner Schwester. Wir verstehen uns so gut, wir allein sind vernünftig und die ganze Welt ist meschugge"[4]. Charlotte war und blieb Heines engste Vertraute in der Verwandtschaft und stand ihm von allen Familienmitgliedern am nächsten. Als „das Lottchen" hat er sie in seinem Epos „Deutschland. Ein Wintermärchen" verewigt, und mit den heiter-melancholischen Versen „Mein Kind, wir waren Kinder" („Die Heimkehr" XXXVIII), die er 1827 in sein „Buch der Lieder" aufnahm, schuf er eine unvergessliche Hommage an seine Schwester und zugleich eines der schönsten deutschen Gedichte zum Thema Kindheit. Beredtes Zeugnis ihrer besonderen Beziehung ist die Korrespondenz zwischen den beiden. „Deine Briefchen tragen ganz das Gepräge Deiner netten Seele, und sind wahre Bonbons für mein Herz"[5], schwärmte Heine 1823, und auch fast dreißig Jahre später hatte sich das nicht geän-

---

3   HSA XX, 417.
4   HSA XX, 118.
5   HSA XX, 131.

dert: „Lottchen ist immer dieselbe und schreibt mir immer die geistreichst heitersten Briefe"[6], meldete er Gustav Heine 1851 entzückt. Umso bedauerlicher ist es, dass sich nur ein so geringer Teil von Charlottes Briefen an ihren Bruder erhalten hat. Aus der gesamten Zeit, in der Heine in Deutschland lebte, ist kein einziges Schreiben überliefert; der früheste bekannte Brief von ihr an ihn datiert erst von 1837. Aber die vorhandenen epistolarischen „Bonbons", die voller Familienanekdoten stecken und eine ganz eigentümliche, intime Kommunikation pflegen, vermitteln doch einen Eindruck von ihrem Humor und ihrer scharfen Beobachtungsgabe, die ihrem Bruder so viel Freude bereiteten.

Witz und die Fähigkeit zur Selbstironie, die Heinrich und Charlotte Heine gleichermaßen auszeichneten und sie zu Seelenverwandten machten, waren bei ihren beiden Brüdern dagegen nicht besonders ausgeprägt. Wohl auch deswegen war Heinrich Heines Verhältnis zu ihnen zeit seines Erwachsenenlebens eher distanziert. Und während die Beziehung zu Charlotte vor allem durch die intensive Briefkommunikation lebendig gehalten wurde, erweist sich sein Austausch mit Maximilian und Gustav als ausgesprochen spärlich. Anders als bei Charlotte liegen hier jedoch nicht nur Überlieferungslücken vor, vielmehr war das Schweigen Programm: „Nur in äußersten Nothfällen schreibt man einem Bruder", erklärte Heinrich Heine 1846 in einem Brief an Gustav. „An Max hab ich seit 8 Jahren nur einmal geschrieben und auf diesem Brief, glaub ich, ist er mir noch die Antwort

---

6   HSA XXIII, 94.

schuldig."[7] Zu diesen „Nothfällen", die brüderliche Briefe erforderten, gehörten gesundheitliche Probleme (vor allem in der späten Zeit von Heines Krankheit, in der er den ärztlichen Rat Maximilians einholte), finanzielle Engpässe und auch die eine oder andere publizistische Kontroverse (auf beiden Gebieten konnte Gustav als recht wohlhabender Herausgeber des Wiener „Fremden-Blattes" manchmal behilflich sein). Auch familiäre Krisen, die meist mit Heines Verhältnis zu Salomon und Carl Heine und deren Umfeld zu tun hatten, gehörten zu diesen Brief-Anlässen, zudem schaltete Heine die beiden gelegentlich in seine Verlagsangelegenheiten ein, wobei sie allerdings eher unglücklich agierten. Die Misshelligkeiten, die daraus entstanden, waren jedoch nie von Dauer – anders war es zwischen Maximilian und Gustav, die häufig und heftig miteinander zerstritten waren. 1852 bemerkte Heine in einem Brief an Gustav dazu lapidar: „Dein Zerwürfniß mit Max betrübt mich sehr […]. Ihr beide paßt freilich nicht zusammen."[8]

Dieses Urteil überrascht, denn betrachtet man die Biographien der beiden Brüder, wie sie auf den folgenden Seiten geschildert werden, dann fallen einem vor allem Ähnlichkeiten auf: Beiden gelang ein bemerkenswerter gesellschaftlicher Aufstieg, an dessen Ende sie, unabhängig voneinander, in den erblichen Adelsstand erhoben wurden, Gustav in Österreich, Maximilian in Russland. Und bei beiden spielten dabei das Militär sowie eine vorteilhafte Heirat eine Rolle. In ihren politischen Einstellungen und ihren Lebensansichten waren Gustav

---

7   HSA XXII, 185.
8   HSA XXIII, 254.

und Maximilian einander zudem viel näher als ihrem Bruder. Beide dachten ausgesprochen konservativ und waren getreue Anhänger der jeweiligen Herrscherhäuser der Länder, in denen sie lebten und Karriere machten. Beide waren publizistisch tätig und eiferten darin ihrem Bruder nach, aber während dieser als selbst ernannter „Sohn der Revoluzion"[9] den staatlichen Autoritäten halb Europas ein Dorn im Auge war, stellten sich Maximilian und Gustav dabei ausdrücklich in den Dienst ihrer Obrigkeiten: Das von Gustav Heine herausgegebene Wiener „Fremden-Blatt" war ein Sprachrohr der österreichischen Regierung, und Maximilian Heine rühmte Russlands Zarenherrschaft, trat in seinen Schriften stets für die monarchische, anti-liberale Seite ein und unterstützte in seinen literaturkritischen Äußerungen Schriftsteller, die direkt von der Regierung bezahlt wurden.

Schon bald nachdem Heinrich Heine seine Heimatstadt verlassen hatte, um sein rechtswissenschaftliches Studium aufzunehmen, zogen auch seine Eltern mit den übrigen drei Kindern fort. Nachdem Heine sie im März 1821 in Oldesloe besucht hatte, schrieb er einem Studienfreund:

Ich habe meine Familie in einem höchsttraurigen Zustand gefunden. Mein Vater leidet noch immer an seiner Gemüthskrankheit, meine Mutter laborirt an Migräne, meine Schwester hat den Catharr und meine beiden Brüder machen schlechte Verse. Dieses letztere zerreißt mir das Herz.

---

9   DHA XI, 50.

Für den jüngern gebe ich nicht alle Hoffnung verloren. Meine Gedichte gefallen ihm nicht. Das ist ein gutes Zeichen.[10]

Die „schlechten Verse" gaben zwar beide später auf, aber zumindest der „jüngere" verfolgte weiterhin seine literarischen Ambitionen, wenn auch vorwiegend in Prosa: Maximilian Heine dilettierte, während er Arzt in Russland war, als Reise- und Gesellschaftsschriftsteller.[11] 1833 erschienen seine „Bilder aus der Türkei" – stilisierte, mit gelehrten und mitunter ein wenig bemüht wirkenden poetischen Bemerkungen durchsetzte Schilderungen seiner Erlebnisse als Militärarzt beim russisch-türkischen Feldzug –, seine späteren Feuilletons aus der Zeit als niedergelassener Arzt und Angestellter der Medizinalverwaltung in St. Petersburg veröffentlichte er dort in deutschsprachigen Taschenbüchern und Zeitschriften, eine Auswahl daraus ließ er später in zwei kleinen Sammelbänden abdrucken. Er schuf literarisch schlichte, inhaltlich aber nicht uninteressante Zeugnisse des kulturellen Lebens in Russland, denen freilich jegliche soziale Tiefenschärfe fehlt. Die politischen und gesellschaftlichen Spannungen, die das Land prägten, fanden in Maximilian Heines Schriften kein Echo, ebenso wenig wie er in seinen literaturkritischen Äußerungen

---

10 HSA XX, 41.
11 S. dazu Joseph A. Kruse: Max Heine in der Fremde. Berichte des Dichterbruders über die Türkei und Russland. – In: „Voyages... Voyages...". Hommage à Alain Ruiz. Textes réunis par Françoise Knopper et Jean Mondot. Bordeaux 2010, S. 281-295, und Christian Liedtke: Maximilian Heines literarische Russland-Ansichten. – In: Russkij Gejne. Der russische Heine. Russlands Blick auf Heinrich Heine. Hrsg. von Bernd Kortländer und Ursula Roth. Düsseldorf 2011, S. 73-85.

auf die wegweisenden Autoren und Werke einging, die gerade in dieser Zeit eine neuartige russische National-literatur herausbildeten. Weitaus bedeutender als seine literarischen Versuche waren seine medizinischen Fach-publikationen. Er erhielt viele Auszeichnungen und war Mitglied zahlreicher wissenschaftlicher Gesellschaften. Als er Heinrich Heine 1852 in Paris besuchte, schrieb dieser in einer Korrespondenznotiz, die anonym in der „Allgemeinen Zeitung" veröffentlicht wurde:

Der Hofrath Maximilian Heine aus St. Petersburg ist dort-hin zurückgereist, nachdem er drey Wochen in Paris verweilte. [...] Als wir hier das Vergnügen hatten den verehrten Reisenden am Krankenbette seines Bruders zu sehen, suchte er eben denselben dadurch zu erheitern daß er ihm die Titulatur aller seiner Aemter, Orden und Würden vorlas, die fast eine ganze Seite füllte.[12]

Man kann daraus Heines Spott herauslesen, vielleicht aber doch auch ein wenig Stolz auf seinen Bruder, der freilich von seiner eigenen Leistung ohnehin selbst schon eine recht hohe Meinung hatte – übrigens eine weitere Eigenschaft, die er mit Gustav gemeinsam hatte. Als dieser 1854 bei einem Besuch bei der Familie in Hamburg mit dem Erfolg und der Bedeutung der von ihm herausgegebenen Zeitung prahlte, charakterisierte Charlotte seine Ausführungen in einem Brief an Hein-rich Heine mit den Worten: „Schiller Schund, Göthe Schund Heine Schund, aber Gustav Heine prachtvoll."[13]

---

12 DHA XV, 115f.
13 HSA XXVII, 159.

Die drei Geschwister sollten ihren berühmten Bruder Heinrich Heine überleben. Vor allem Charlotte und Maximilian hatten später wichtigen Einfluss darauf, wie die Nachwelt ihn und seine Familienverhältnisse sah: Charlotte stand den frühen Heine-Biographen und -Philologen, die sie aufsuchten, Rede und Antwort, ihre mündlichen und schriftlichen Erinnerungen an Heinrich Heine verarbeiteten ihre Tochter Maria und ihr Sohn Ludwig später zu Büchern über ihn. Maximilian Heine schrieb ein Buch mit dem Titel „Erinnerungen an Heinrich Heine und seine Familie". So prägten Heines Geschwister nachhaltig das Bild, das Biographen, Forscher und Leser sich von dem Dichter machten. Ein Bild von ihnen selbst zeichnet Sylvia Steckmest auf den folgenden Seiten. Es zeigt die Konturen dreier interessanter Persönlichkeiten, die der eigenständigen Beachtung wert sind.

Peira (Betty) van Geldern, verh. Heine (1771–1859)
gemalt von Isidor Popper

Van Geldern, die mütterliche Linie
in Düsseldorf,
und Heine, die väterliche Linie aus Hannover

„Um 4 Uhr Nachmittags langten wir glücklich in Düsseldorf an, die Spuren des Krieges, verödete Häuser aufgeworfene Batterien, gefällte Bäume der schönsten Alleen, kurz die Verwüstungen um die Stadt herum, hatten meinen Launen, welche noch während meiner Reise so ziemlich heiter waren, eine melancholische Wendung gegeben.“[1] Diese eher traurigen Zeilen schreibt die 25jährige Peira van Geldern an ihre Freundin, als sie gegen Ende des Jahres 1795 in ihre Geburtsstadt Düsseldorf zurückkehrte.

Im Jahr zuvor, Anfang Oktober, hatten französische Truppen von der gegenüberliegenden Rheinseite aus nach Düsseldorf hinüber geschossen und dabei das Schloss und diverse Gebäude zerstört. Am 6. September des folgenden Jahres besetzten französische Truppen die Stadt. Diese Soldaten blieben bis 1801. Zwar hatten die Kämpfe der Franzosen mit der Annexion der niederrheinischen Gebiete hässliche Lücken hinterlassen, doch sollte es durch Napoleons Eroberung bald auch positive Veränderungen geben, besonders für Juden.

---

1   Julius Rodenberg (Hrsg.), Deutsche Rundschau, Band XII., Berlin 1877, S. 94.

Die Familie van Geldern oder de Geldern war seit langem in Düsseldorf angesiedelt. Sie gehörte dort zu der kleinen jüdischen Oberschicht, die damals ca. 300 Personen umfasste. Insgesamt zählte Düsseldorf um 1790 ca. 12.000 Einwohner. Peiras Urgroßvater Josef (oder Juspa) Jacob van Geldern (1653–1727) war Hofkammeragent des Kurfürsten Jan Wellem gewesen. Der Kurfürst setzte durch, dass u.a. jenem van Geldern am 13. Dezember 1690 das Geleit unbeschränkt wie zuvor den holländischen Juden gestattet wurde. *„Sie erhalten, statt der livrierten Boten einen Offizier zu ihrer Begleitung in die Stadt Köln, müssen sich aber die Durchsuchung des Gepäcks gefallen lassen".*[2] Sein Sohn Lazarus van Geldern (1695–1769) wurde Hoffaktor, war also in ähnlicher Position wie der Vater, lebte aber zeitweilig in Wien, wo er bei Simon Michel Preßburg arbeitete. Dieser wurde bald sein Schwiegervater, als Lazarus dessen Tochter heiratete. Ihr Sohn Gottschalk van Geldern wurde Arzt in Düsseldorf. Dieser hatte fünf Kinder. Sein ältester Sohn studierte ebenfalls Medizin, aber Vater und Sohn starben kurz hintereinander, so dass Peira früh ihre wichtigsten und liebsten Angehörigen verlor, den Vater und den Bruder.

Im Februar 1796 schreibt Peira (1770-1859) wieder an ihre Freundin: *„Heute war es nach der traurigen Katastrophe, wo das grausame Schicksal mich zur vater- und mutterlosen Waise machte, das erste Mal, daß ich vor dem Thor spazieren ging."* Und weiter im Mai heißt es: *„Ach es gibt*

---

2   Adolf Kober, Die Reichsstadt Köln und die Juden in den Jahren 1685–1715. Ein Beitrag zur Geschichte der jüdischen Hoffaktoren, in: Monatszeitschrift für Geschichte und Wissenschaft des Judentums Nr. 75, 1931, S. 412–428.

wenig Trost für den Verlust eines zärtlichen Bruders, der
kaum ein Jahr Hofmedicus und hiesiger Arzt war, und schon
ein Verdienst besaß, daß sich täglich wenigstens auf 6 Kron-
thaler belief; dabei hinterließ er ein ebenso großen und un-
getheilten Lob, wie mein Vater, und ein gleichen Ruhm und
Ehre folgte ihm ins Grab."[3]

Die finanziellen Verhältnisse, die nach einem Konkurs
in der einst reichen Familie bedrohlich geworden waren,
hatten sich inzwischen wieder gebessert. Somit war Peira, als sie ihrem zukünftigen Ehemann Samson Heine
(1764–1828) zu Beginn des Jahres 1796 begegnete, keine schlechte Partie. Dieser, in Hannover geboren, hatte
wie seine Braut ebenfalls früh seinen Vater verloren, gerade als er sechzehn Jahre alt war.

Peira schreibt dazu ihrer Freundin von ihrer Eroberung:
„Hätten Sie aber wohl gedacht, daß ich mich durch meine
Verlobung so viel Feinde machen würde? Doch mein Heine
entschädigt mich reichlich durch seine Liebe und Treue für
Allem."[4] Ein zugereister junger Mann, über den man in
der jüdischen Gemeinde nichts wusste, war scheinbar
suspekt. Meistens erhielten unbekannte Personen, die
sich in einer Stadt niederlassen wollten, kein Aufenthaltsrecht, es sei denn, sie waren reich.

Dieser Samson Heine war ein nach Düsseldorf zugezo-
gener ehemaliger Armeeangehöriger oder Händler für
Armeebedarf, der kurz vor seiner Hochzeit auf den Beruf eines Textilgroßhändlers umsattelte. Gelernt hatte er

---

3   Rodenberg, 1877, S. 95 und 97.
4   Rodenberg, 1877, S. 100.

in Celle bei einem weitläufigen Verwandten namens Isaak Gans.[5] Samson diente vermutlich danach unter Prinz Ernst von Cumberland (1771–1851) als Armeelieferant, aber ob er tatsächlich mit zwölf schönen Pferden in Düsseldorf Einzug hielt, wie sein ältester Sohn Heinrich Heine später behauptet hat, ist allerdings unsicher. Jedenfalls machte die jüdische Gemeinde Probleme und wollte die Einwilligung zur Hochzeit verweigern. Peira wies aber auf die übliche Zivilehe in Frankreich unter gleichberechtigten Bürgern hin, sodass mit Hilfe des französischen Stadtkommandanten die Eheschließung Anfang Februar 1797 möglich wurde.[6]

Mit seiner Heirat wurde Samson ein anerkannter „Schutzjude" der Stadt Düsseldorf. Das bedeutet, er stand nun unter dem Schutz der bereits „tolerierten" Jüdin Peira.

Der Nachname von Peira oder Betty van Geldern war holländischen Ursprungs und er besagte *aus Geldern*, einer holländischen Provinz. Beide Familien, die Heines und die van Geldern, zählten zu Nachkommen von Hoffaktoren, hatten also als Juden in deutschen Landen schon früh eine hohe Stellung erworben. Aristokratischer Lebensstil und elitär ausgerichtete Familienpolitik ließen diese Gruppierung als eine typische Form ständischen Adels erscheinen. Es war gewissermaßen ein „Hoffaktoren-Adel". Einst in dieser privilegierten Position, waren sie als Bankiers an Fürstenhöfen den obersten Herren zu Diensten gewesen. Sie versorgten die

---

5   Hans Ebke, Vater und Sohn Heine und das hannoversche Militär. In: Heine-Jahrbuch 55 (2016), S. 1–15, hier S. 9.
6   Hosfeld, 2014, S. 24.

Herrscher nicht nur mit Geld, das heißt mit Krediten, die lange Laufzeiten aufwiesen, sondern auch mit besonderen und erlesenen Waren.

Peira van Geldern sei politisch sehr gebildet gewesen, schreibt ihr jüngster Sohn Maximilian in seinen 1868 erschienenen Memoiren. Sie las die Schriften deutscher Patrioten und empfahl ihren Kindern, Reisebeschreibungen zu lesen. Sie wies sie auf die damaligen Zustände in Deutschland hin und machte sie auf die Misere der Kleinstaaterei aufmerksam. Darum mussten die Söhne ihr versprechen, nur in große Städte großer Staaten zu ziehen, ohne allerdings das deutsche Herz dabei zu vergessen. Tatsächlich wurden die großen Städte Paris, Wien und St. Petersburg die zukünftigen Wohnorte der Söhne Heinrich, Gustav und Maximilian, und Hamburg wurde die Stadt der Tochter Charlotte.

Als vornehm bezeichnete auch der Dichter Heinrich Heine später seine Herkunft, als geistigen Erbadel bezeichnete sie der Schriftsteller und Biograph Gustav Karpeles.[7] Dass das Wörtchen van kein Adelstitel war, war allen bekannt, man kokettierte aber gern damit. Obwohl Heinrich Heine sich seiner nichtadligen Herkunft bewusst war, schrieb er über seine Familie, es läge *alter Adel* über dem Geschlecht. Der jüngere Bruder des Dichters, Gustav Heine, wusste das Wörtchen van sogar glorreich einzusetzen.

---

7   Gustav Karpeles (1848-1909) war Redakteur der Allgemeinen Zeitung des Judentums, er schrieb Bücher über Heine und besuchte dessen Schwester Charlotte in Hamburg.

Heinrich (Harry) Heine (1797–1856)
gemalt von Julius Giere 1838

Die Kindheit in Düsseldorf
oder ein „Adler im Hühnerstall"

Heinrich schreibt in seinen Memoiren: *„Die Stadt Düs-*
seldorf ist sehr schön, und wenn man in der Ferne an sie
denkt und zufällig dort geboren ist, wird einem wunderlich
zu Mute. Ich bin dort geboren und es ist mir, als müsste ich
gleich nach Hause gehen. Und wenn ich sage nach Hause ge-
hen, so meine ich die Bolkerstraße und das Haus, worin ich
geboren bin."[1]

Samson Heine hatte nun im Februar 1797 die um sieben Jahre jüngere Peira van Geldern geheiratet, die sehr
darum gekämpft hatte, diesen schmucken Mann eheli-
chen zu können. Es war eine echte Liebesheirat, die für
damalige Zeiten noch nicht selbstverständlich war.

Allerdings gibt es immer noch Unstimmigkeiten über
die genauen Geburtsdaten der Kinder, denn dort und
später auch in Hamburg verbrannten viele der Original-
unterlagen. Bei Harry Heine, der nach seiner Taufe 1825
Heinrich hieß, aber von seinen Geschwistern weiterhin
Harry genannt wurde, hatte man sich auf den 13. Dezember 1797 geeinigt, obwohl Harry das Jahr 1799,
so kurz vor der Jahrhundertwende, für besser hielt.

---

1   DHA VI, 182.

Charlottes Geburtstag ist der 16. Oktober 1800. Zwar hatte ihre Mutter in Hamburg im Dezember 1856 ein Formular aus Düsseldorf unterschrieben, auf dem das Geburtsjahr 1804 vermerkt ist, doch nach dem Totenregister ist 1800 das richtige Jahr. Warum die Mutter ein falsches Jahr angab, bleibt unklar.[2] Mehr Zweifel beim Geburtsjahr gibt es bei den Brüdern Gustav und Maximilian. Gustav könnte zwischen 1803 und 1805 geboren sein, Max zwischen 1805 und 1807.

Das Geburtshaus der Kinder war das Vorder- oder Hinterhaus in der Bolkerstraße (heute Nr. 53), eine Immobilie, die einer Verwandten der Mutter gehörte. Das Vorderhaus wurde bereits 1821 abgerissen und durch einen Neubau ersetzt. Bis auf die Fassade wurde dieser 1943 zerstört. Das Hinterhaus im Fachwerkstil blieb lange in seiner ursprünglichen Art erhalten, brannte aber im Krieg 1942 ab. Die Heines erwarben 1809, als das Geschäft noch gut lief, für 11.000 Reichstaler ein anderes Haus in der Bolkerstraße mit der Nummer 655 (heute neu aufgebaut Nr. 42) mit Nebengebäuden und Garten. Dieses Bürgerhaus wies 17 Zimmer auf, verteilt auf drei Stockwerke.[3]

Samson scheint sehr vorteilhaft ausgesehen zu haben und ein Mann mit viel Charme gewesen zu sein, jedoch war er weder ein Mann von hervorragenden Geistesgaben noch von besonderer kaufmännischer Tüchtigkeit – so formuliert es jedenfalls Gustav Karpeles. Sicherlich war er ein zärtlicher Vater, ein gütiger Mensch, und dazu

2   Das Dokument befindet sich in Düsseldorf im Heinrich-Heine-Institut.
3   Hauschild und Werner, 2005, S. 23–24.

war er auch ein schöner Mann, genauso gut aussehend wie sein Bruder Salomon in Hamburg.

Heinrich Heine schreibt über seinen Vater: *„Die Schönheit meines Vaters hatte etwas überweiches, karakterloses, fast weibliches. Ich will hier keineswegs einen Mangel an Männlichkeit andeuten. [...] Den Conturen seiner Züge fehlte das Markirte, und sie verschwammen ins Unbestimmte. In seinen späteren Jahren ward er fett auch in seiner Jugend scheint er nicht eben mager gewesen zu seyn. […] Er war von allen Menschen derjenige den ich am meisten auf dieser Erde geliebt.“*[4]

Betty, wie Peira später mit modernerem Vornamen genannt wird, hatte in Erziehungsfragen auf ihre Kinder etwas mehr Einfluss als Samson, der sich um seinen Stoffgroßhandel kümmern musste und daher oft auf Reisen war. Von der strengeren Mutter lernten die Kinder vor der Schule bereits Schreiben und Lesen. Schon im Alter von vier Jahren besuchten Harry und vermutlich später auch seine Brüder die Vorschule, eigentlich eine Institution für Mädchen. Kurz darauf kam Harry zu einem Hamburger Verwandten, der in Düsseldorf lebte und Hebräisch-Unterricht erteilte. Das Franziskanerkloster mit seiner Schule stand ab 1804 auch Juden offen, so dass Harry dort unterrichtet werden konnte.

Die drei Jahre jüngere Charlotte mochte Harry von seinen Geschwistern besonders gern und diese erotisch angehauchte Geschwisterliebe sollte ewig Bestand haben. Schon am frühen Morgen, wenn die anderen noch

---

4   DHA XV, 77–78.

schliefen, spielten Harry und Lotte miteinander – sie suchten nach Reimen, wie Karpeles berichtet. Harry soll sie wegen ihrer Liebenswürdigkeit und geistigen Gaben besonders verehrt haben. Sie heiratete später in Hamburg Moritz von Embden, den Sohn von Lion von Embden. Moritz' Schwester, Henriette von Embden, war seit 1814 mit Charlottes Onkel Henry Heine, dem jüngeren Bruder Samsons, in Hamburg verheiratet.

Bruder Maximilian berichtet in seinen Memoiren: *„Meine Schwester besitzt noch aus ihrer frühesten Jugendzeit ein kalligraphisch schön geschriebenes S t a m m b u c h b l a t t, das von des Dichters Geschwisterliebe, die bis zu seinem Ende unwandelbar geblieben, Zeugniß ablegt.*
S t a m m b u c h b l a t t
'Wir können die Menschen füglich in zwey Classen eintheilen: 1stens Diejenigen, die uns lieben; 2stens Diejenigen, die uns o f t und d e u t l i c h sagen, daß sie uns lieben.
Mich, liebes Lottchen, kannst Du dreist zur ersten Classe rechnen. Ich bin Dir herzlich gut, wenn ich auch nicht viel Aufhebens davon mache.
Düsseldorf, den 20. Juny 1817.
Dein Bruder
Harry Heine[5]

Das Kind Harry würden Ärzte heute als hyperaktiv bezeichnen und vielleicht mit Medikamenten ruhigstellen. Zum Glück boten die vielseitige Erziehung und die eigene Phantasie und unbändige Leselust genug Abwechslungsmöglichkeiten.

---

5   Maximilian Heine, 1868, S. 10.

Seine aufgeweckte Phantasie zeigte sich schon im Alter von zehn Jahren, meinte Charlotte. Die folgende Geschichte muss aber etwas später stattgefunden haben, denn als Charlotte eine in der Schule gehörte Geschichte zu Hause aufschreiben sollte, hatte sie diese vergessen und war ganz verzweifelt. Harry wollte ihr helfen und fragte nach einigen Punkten, die sie noch erinnern würde. Dann setzte er sich hin und schrieb eine Geschichte auf, die Charlotte in der Schule abgab, ohne sie vorher gelesen zu haben. Ihr Professor bat sie zu sich und fragte, wer die Geschichte geschrieben habe. *Ich*, war ihre Antwort, dann aber, nach nochmaliger Frage – *mein Bruder*. Der Professor hielt die Geschichte nämlich für ein Meisterstück, was auch andere bestätigen konnten. Vermutlich war Harry damals knapp zwölf Jahre alt.[6]

Er besuchte, wie später auch seine jüngeren Brüder, ab dem dreizehnten Lebensjahr das Lyzeum. Diese Schule war eine höhere Lehranstalt in dem ehemaligen Franziskanerkloster. Der Leiter der Schule war Prof. Schallmeyer, der dem Kind Harry und der ganzen Familie, wie sogar Juden allgemein, sehr zugetan war. Aber Harry verließ die Schule ohne Abitur und musste das später nachholen. Ob dieser Herr Professor die jüngeren Brüder später auch noch unterrichtete, ist nicht bekannt. Charlotte besuchte eine von Nonnen geleitete Mädchenschule.

Von Maximilian ist folgende Geschichte aus Kindertagen überliefert:

---

6   Werner I, Familienüberlieferung, S. 26.

„Unsere Mutter, die überhaupt für eine ziemlich strenge Erziehung war, hatte von unserer ersten Jugend an uns daran gewöhnt, wenn wir irgendwo zu Gast waren, nicht Alles, was auf unseren Tellern lag, aufzuessen. Das, was übrig bleiben mußte wurde der ‚Respect‘ genannt. Auch erlaubte sie nie, wenn wir zum Kaffee eingeladen waren, in den Zucker so einzugreifen, daß nicht wenigstens ein ansehnliches Stück zurückbleiben mußte.“ Als an einem Sommertage alle nach dem Kaffeetrinken in einem Gartenlokal dieses verließen, bemerkte der kleine Max, dass noch ein Stück Zucker in der Dose lag, und nahm dieses sogleich an sich. Harry hatte das bemerkt und sagte empört: *„Mama, denke Dir, Max hat den Respect aufgegessen!“*[7]

In jenen frühen Jahren der französischen Herrschaft über das Rheinland wurde Napoleon von den Juden fast noch als der *neue Messias* verehrt, auch Samson Heine verehrte ihn, sogar noch nach 1814.[8] Von einer ähnlich positiven – wenn auch etwas differenzierteren – Beurteilung konnte auch Heinrich Heine nicht lassen.

Von 1806 an war Düsseldorf die Hauptstadt des Herzogtums Berg, dessen neuer Regent Joachim Murat wurde. Er war verheiratet mit Napoleons Schwester Caroline. Zwei Jahre später wurde er König von Neapel. Napoleon selber war in den Jahren 1811 und 1812 kurz in Düsseldorf gewesen, denn ihm unterstand nun das Gebiet direkt. Bei dem ersten Besuch im November 1811 sah Harry ihn hoch zu Ross und jubelte ihm zu.

---

7   Werner I, S. 28 (Febr. 1866).
8   Siehe das Nachwort von Hermann Schiff über einen Besuch in Düsseldorf 1815, in Honoré de Balzac, „Lebensbilder“, München 1913, hier S. 43.

Für die Armee Napoleons wäre auch Harry bereit gewesen, doch die Eltern verhinderten das.

Napoleon ließ die heutige Königsallee (zuerst Kastanienallee genannt) anlegen, ebenso die heutige Heinrich-Heine-Allee, die zuerst Boulevard Napoleon hieß. Welche Ehre für Heinrich, hätte er das gewusst! Gleich nach seinem Einzug in die Stadt besuchte Napoleon eine Gewerbeausstellung – die Geburtsstunde der Messestadt Düsseldorf! In dem noch heute gern besuchten Lokal „Schiffchen" soll Napoleon bereits einen Schoppen Wein getrunken haben.

Schon gleich nach Beendigung der „Franzosenzeit" war Salomon Heine aus Hamburg im Sommer 1814 im Gefolge seiner drei ältesten Töchter nach Düsseldorf zu Besuch gekommen. Hierbei lernten sich die Kinder Samsons und Salomons kennen. Auch aus der Altonaer Verwandtschaft Schiff war Besuch aus Hamburg bei Heines gewesen. Der Sohn von Herz Schiff, der spätere Schriftsteller Hermann Schiff,[9] schrieb später über diesen bemerkenswerten Besuch.

Harry berichtet in seinem Börne-Buch über seine erste Reise nach vorzeitiger Beendigung der Schule: *„Ich befand mich* [1815] *mit meinem seligen Vater auf der Frankfurter Messe, wohin er mich mitgenommen, damit ich mich in der Welt einmal umsehe; das sei bildend."* In Frankfurt

---

9   Siehe auch Anm. 8. Der Großvater von Hermann Schiff,
     Bendix Schiff, war in erster Ehe mit der Schwester von
     Samson Heines Mutter, Jette Popert, verheiratet. Nach ihrem
     Tod heiratete Bendix Schiff die verwitwete Mutter von
     Samson, Mate Heine geb. Popert.

sollte er ursprünglich eine Lehre absolvieren, ging später aber zu Onkel Salomon nach Hamburg in die Lehre des Bankhauses Heckscher, dessen Vorstand der Onkel war. Er berichtet weiter aus Frankfurt: *„Da bot sich mir ein großes Schauspiel. In den sogenannten Hütten, oberhalb der Zeil, sah ich die Wachsfiguren, wilde Thiere, außerordentliche Kunst - und Naturwerke. Auch zeigte mir mein Vater die großen, sowohl christlichen als jüdischen Magazine, worin man die Waren 10 Procent unter dem Fabrikpreis einkauft, und man doch immer betrogen wird. Auch das Rathaus, den Römer, ließ er mich sehen, wo die deutschen Kaiser gekauft wurden, 10 Procent unter dem Fabrikpreis. Der Artikel ist am Ende ganz ausgegangen. Einst führte mich mein Vater ins Lesekabinett oder in einer der Logen, wo er oft soupirte, Kaffe trank, Karten spielte und sonstige Freymaurerarbeiten verrichtete.*[10]*

Fünf Jahre später musste das Haus der Familie Heine in Düsseldorf verkauft und das Stoffgeschäft aufgegeben werden. Was war passiert? Vater Samson betrieb seit seiner Hochzeit besagten Stoffgroßhandel, der durch die politischen Umstände und sicherlich auch durch seine nicht gerade taktisch kluge Geschäftsführung langsam und immer weiter ins Trudeln geriet. Samson fehlte der Weitblick, das geniale Talent eines Kaufmanns, das sein jüngerer Bruder Salomon aufwies. Zudem litt Samson an epileptischen Anfällen. Ob er später an einer Demenz litt, ist nicht nachgewiesen, vielleicht diente sie als Rechtfertigung für das spätere Handeln der Hamburger.

---

10   Siehe: Heinrich Heine, Ludwig Börne, Eine Denkschrift. 1840. DHA XI, 11.

Sicher ist, die Umstürze in Europa brachten den Waren-
handel durcheinander und die Kontinentalsperren zuerst
von englischer und dann von französischer Seite taten
ihr Übriges. Bargeldmangel war ein großes Problem,
hohe Zölle und danach fallende Preise der Baumwoll-
produkte aus England ein anderes.

Samson Heine war eher ein Schöngeist, der sich an der
guten Qualität seiner Stoffe berauschen konnte, aber
wohl nicht den gewinnbringenden Abverkauf voll im
Blick hatte. So befanden sich bald große Mengen an
Stoffen, Bändern sowie andere Dinge unterschiedlichs-
ter Art bei ihm im Lagerraum, der sicherlich, bedingt
durch die Nähe des Rheins, feucht war. Die Häuser waren allgemein schlecht isoliert und die Aufbewahrungs-
möglichkeiten in Holzkisten, Kartons oder Papier waren
nur begrenzt tauglich für eine längere Lagerung, denn
sie waren weder feuchtigkeits- noch schimmelresis-
tent.[11] Auch Tiere verschiedenster Art, wie kleine Insek-
ten, Milben, wird es im Lager gegeben haben.

Da schon mit Beginn der Napoleonischen Zeit die Geschäfte für Samson nicht mehr so gut liefen, versuchte er
sich später zusätzlich im Beruf des Lottokollekteurs.
Seine ehrenamtliche Aufgabe als Armenpfleger füllte er
außerdem mit großer Empathie aus. Durch seine Höf-
lichkeit den Armen gegenüber und die Hinzugabe von
eigenem Geld machte er sich sehr beliebt. Er war Mitglied der „Chevrah Kadischah", einer Beerdigungsgesell-
schaft, und Vorsteher der „Chevrah Gemiluth Chasodim

---

11   Teures Wachspapier wird Samson Heine nicht benutzt ha-
      ben. Nach meiner Berechnung lagerten zuletzt mindestens
      45.000 Meter Stoff bei ihm! Siehe Schulte 1974.

Ve'Chevrah Tehilim", einer frommen jüdischen „Gesellschaft zur Ausübung menschenfreundlicher Handlungen und zum Rezitieren von Psalmen". Später trat er
auch der Freimaurerloge „Zur Aufgehenden Morgen-
röte" in Frankfurt bei.[12] Seine Aufgabe als Offizier der
Bürgermiliz nahm er weniger ernst, allein das Tragen der
Uniform reizte ihn sehr.

Sein großes Stoffsortiment hatte er gleich nach dem
Umzug durch eine bekannte Anzeige in den „Großher-
zöglichen Bergischen Wöchentlichen Nachrichten" am
12. Dezember 1809 publik gemacht. Darin heißt es zu
Beginn: *„Da ich jetzt aus meiner vorigen Wohnung grade
gegenüber in mein Haus Nr. 655 auf der Bolkerstraße gezogen bin, so habe ich die Ehre, das geehrte Publikum davon zu
benachrichtigen, und indem ich jetzt ein geräumiges Lokal
besitze, so sind bey mir auch noch viel mehrere Artikel von
Waaren zu haben..."*[13] Sein Angebot bestand z.B. aus
Baumwollstoffen wie „Kaliko, Pique, Biber, Mousline,
Barchend, Sammet und Batist", dazu führte er Hals-
tücher und Schals aus verschiedenen Stoffen. Auch
Woll- und Seidenstoffe gehörten dazu sowie Handschuhe, Strümpfe, Tischtücher und Servietten. Am
Ende der Anzeige steht: *„Ich werde mich bemühen, ferner
wie bis anher durch schöne Waaren und billige Preise das
Zutrauen und Wohlwollen des geehrten Publikums beyzube-
halten. S. Heine."*[14]

---

12 Einige Freimauerlogen nahmen ab 1809 Juden auf. Auch
   Heinrich Heine wurde Mitglied in einer Loge, ebenso Julius
   Campe, sein Verleger.
13 Großherz. Berg. Wöchentl. Nachrichten am 12. Dez. 1909.
   S.731. Siehe Schulte, 1974.
14 Ebd.

Doch wenn man immer weniger Absatzmöglichkeiten hat, muss man sehen, dass man die Lagerware zügig verkauft, notfalls viel günstiger, und kann nicht auf bessere Zeiten hoffen; denn Stoffe sind ähnlich wie sogenannte lang haltbare Lebensmittel ein verderbliches Produkt. Als der Wert des Lagers die Grenze von 100.000 Reichstalern erreicht hatte und die Kreditschulden über 85.000 Reichstaler hoch waren, zogen die Brüder Henry und Salomon in Hamburg, die Samson bislang Kredit gewährt hatten, einen Schlussstrich, das heißt, sie leiteten das Konkursverfahren ein. (Der Verkauf des Lagers und des Hauses wird später vermutlich nur knapp die Schulden gedeckt haben.)

Der älteste Bruder von Samson, Salomon und Henry Heine war Isaak Heine, der inzwischen in Bordeaux lebte. In Hamburg war Isaak bis zu seinem Konkurs 1799 ebenfalls ein Händler für Seidenstoffe, Brillanten und Gold gewesen.[15] Diesen Konkurs hatte Salomon sicherlich noch gut im Blick, andere Konkurse hatte er miterlebt. Da ist es verständlich, dass er einen weiteren Konkurs zu diesem Zeitpunkt, als er sich selbstständig machen wollte, dringend verhindern musste. Zwar war Salomon schon 1818 ein reicher Mann, aber es war zu erkennen, dass Samsons Geschäfte niemals besser laufen würden. So kann man nachvollziehen, dass ein Verfahren zur Aufhebung der Geschäftsfähigkeit Samsons eingeleitet wurde. Doch ob die Art und Weise des Verfahrens angemessen war, ist fraglich. Die „feine hanseatische Art" war es vielleicht nicht.

---

15 Siehe Sylvia Steckmest, Isaak Heine und die Untersuchung wegen angeblicher Wechselfälschung während der Handelskrise 1799, Heine-Jahrbuch 2012, S.155–164.

Wie krank Samson wirklich war oder ob er erst durch die Umstände der Zwangsauflösung krank wurde, lässt sich nicht mehr feststellen, jedenfalls war er nicht völlig gesund, doch man erfährt später nichts mehr über seine Krankheit und die epileptischen Anfälle.

Harry, der älteste der Geschwister, verehrte seinen Vater sehr. Er schrieb, dass dieser und sogar dessen Stimme etwas Kindliches gehabt hätten. In seinem Kopf sei beständig Kirmes gewesen. Seine Hände seien fein und immer sehr gepflegt und sein Gemüt heiter. Er liebe die Frauen und genösse das Leben. Da Harry selber nicht zum Kaufmann taugte, wie sein Onkel feststellen musste, und er somit seinem Vater ähnelte, wird er ihm sein mangelndes Talent nicht vorgeworfen haben. Über den Konkurs findet sich keine Aussage des Sohnes.

1819, als Salomon Heine sich mit einem Bankhaus selbstständig machte, begann Harry sein Studium in Bonn, finanziell unterstützt vom Onkel. Die anderen Geschwister blieben bei den Eltern, da sie weiterhin die Schulbank drücken mussten. Zu der Zeit wurde das Geschäft des geliebten Vaters aufgelöst und das Haus in Düsseldorf verkauft.[16]

Nach einem kurzem Aufenthalt der Familie in Hamburg zogen sie nach Oldesloe, damit Samson in den Genuss der dortigen Salzbäder kommen konnte. Im März 1820 schreibt Harry an seine Schwester in Oldesloe: *„Und die Straßen* [in Düsseldorf], *wie müssen die jetzt todt seyn! – Hast Du auch geweint wie Du fortfuhrst? Wie*

---

16   Vergl. Steckmest 2017, hier S. 65-70 und S. 77-80.

34

*ist es Euch auf der Reise ergangen? Ich habe manche Nacht
auf meinem Holzstuhl gesessen, […] während meine Gedanken sich auf der Lüneburger Heide herumtrieben und
ängstlich zusahen, ob auch Eur Kutscher nicht schläft, Eur
Wagen auf der rechten Spur, ob Euch kein Rad bricht – Bist
Du auch werth daß ich Dich so lieb habe?*

Harry Heine
Stud Juris[17]

Dem Umzug waren nicht nur verschiedene Schreiben
mit Behörden vorausgegangen, in denen um die Auf-
nahme der Familie Heine gebeten wurde. Salomon und
Henry Heine in Hamburg hatten sich um eine Dau-
er-Aufenthaltsgenehmigung in Oldesloe bemüht. In
dem Dokument, das an den dänischen König gerichtet
war, heißt es: *„Daß gedachter ihr an einem durch epilepti-
sche Zufälle veranlaßten Blöd und Stumpfsinn leidender
Bruder Samson Heine um die Oldesloer Salzbäder fortwährend gebrauchen zu können, als deren fortwährender
Gebrauch durch seine Ärzte angeraten ist, sich häuslich in
Oldesloe mit seiner Familie niederlassen und zu wohnen
begeben dürfe.“*[18]

Die Obrigkeit von Oldesloe setzte sich für eine Aufent-
haltsbewilligung ein, allerdings forderte sie den Kauf
eines Hauses. Vermutlich war das einer der Gründe,
warum die Brüder danach einen anderen Ort für die
Düsseldorfer Familie suchten.[19]

---

17   HSA XX, 24.
18   Landesarchiv Schleswig Holstein. Judaica, Deutsche Kanzlei
     in Kopenhagen. Sign Abt. 65 (AXVIII) Nr. 4555.
19   Vergl. Steckmest 2017, hier S. 106.

Trotzdem war das kurzfristige Aufenthaltsrecht für die jüdische Familie mit einem großen Entgegenkommen des Bruders Salomon verbunden. Dieser musste nämlich einen Teil seines Grundstücks in Ottensen, das ebenso wie Oldesloe unter dänischer Verwaltung stand, an den Magistrat der Stadt verpfänden. Man hatte Angst, sonst für die Familie, die keinem Erwerb nachging, eventuell sorgen zu müssen.[20]

Ab 1822 lebte die Familie Samson Heine in Lüneburg, in einer Stadt mit 12.000 Einwohnern, darunter 40 Juden. Von Salomon Heine wurde dem Bruder eine Jahresrente von 2.600 Courant Mark (einschließlich der Schul- und Studiengelder für die Kinder) bereitgestellt, was einem höheren Beamtengehalt entsprach. Salomon hatte auch die Wohnung in dem vornehmen Haus am Markt für 300 Reichstaler angemietet. Mit Hilfe seines vormaligen Partners Jacob Oppenheimer war er zu dieser guten und teuren Unterkunftsmöglichkeit gekommen.[21]

„Manchen alten Leuten in Lüneburg", schreibt Adolf Strodtmann, *„ist es noch erinnerlich, dass Salomon Heine im Frühjahr 1822 zum Erstaunen der Bewohner in einer mit vier Pferden bespannten Kalesche in die Hauptstadt des alten Fürstenthums einfuhr, um dort eine Wohnung für die Familie seines Bruders auszusuchen. Er miethete für letztere*

---

20 StAHbg, 424-2 Stadtbücher der Stadt Altona, III b 2, S. 208, Folio 206 b. (die Aufhebung erfolgte am 10.7.1822)

21 Jacob Oppenheimers Schwester war seit vielen Jahren mit Jacob Wolf Ahrens in Lüneburg verheiratet. Hierher war Jacob Oppenheimer bereits während der Belagerung Hamburgs durch die Franzosen 1813/14 geflüchtet.

den zweiten Stock eines alterthümlichen Hauses am Markt-
platz, welches damals dem Bankier Wolff Abraham Ahrons
gehörte, zu Michaelis 1824 jedoch in den Besitz des Buch-
händlers Wahlstab überging."[22]

Die Rente war allein zum Ausgeben gedacht, darauf
musste in mehreren Schreiben explizit hingewiesen werden, denn in der Stadt Lüneburg, wie auch zuvor in
Oldesloe, war man nur unter gewissen Umständen bereit, eine jüdische Familie aufzunehmen. Die Kinder
wurden als sehr viel jünger angegeben, als sie tatsächlich
waren. Der Grund ist unbekannt.

Salomon Heine ließ am 8. März 1822 folgenden Brief
an Bürgermeister Krukenberg aufsetzen:

„Ew. Wohlgeb.
Wollen meinen folgenden ganz gehorsamen Gesuch geneigtes
Gehör geben.
Ich bin Banquier zu Hamburg jüdischer Religion, und wird
meine Unterschrift vielleicht auch Ew. Wohlgeb. nicht ganz
unbekannt seyn.
Einer meiner Brüder namens Samson Heine, ist genöthigt
nach einem Ort mit seiner Familie zu ziehen, wo er mit ei-
nem anständigen Leben oeconomische Rücksichten verbinden
kann. Er hat sein Augenmerk auf Lüneburg gerichtet und
ich habe um die Erlaubniß hierzu heute bey Ewer Königl.
Provinzial Regierung in Hanover nachgesucht. Da ich je-
doch wohl mit Recht vermuthen darf daß die Gewährung
meines Gesuches von Ew. Wohlgeb. mit abhängt, so nehme

---

22 Strodtmann, 1873, S. 695. Der erste in Lüneburg lebende
    Isaak Ahrons war ein Neffe des Hoffaktors Leffmann Beh-
    rens, der mit der Familie Heine verwandt war.

ich mir die Freyheit Ew. Wohlgeb. um eine gütige Unterstüt-
zung desselben gehorsamst zu ersuchen.

Da mein besagter Bruder Samson Heine und seine Familie
von mir zu ihrem anständigen Haushalt versorgt werden, er
auch keine Geschäfte dort treiben, vielmehr als bloßer Consu-
mente leben will, mithin dort Keinem im Weg tritt auch der
Gesammtheit nicht zur Last fallen kann, derselbe auch so
wie ich gebohrener Hanoveraner ist, so darf ich um so mehr
einer geneigten Gewährung meiner Bitte zuversichtlich ent-
gegen sehen."[23]

Nach dem Protokoll des Lübecker Niedergerichts vom
20. August 1823 erklärte Samson Heine, dass er keinen
Schutzbrief für Lüneburg besäße, dass ihm der *temporelle*
Aufenthalt nach der Versicherung des zwischenzeitlich
verstorbenen Bürgermeisters Krukenberg aber gestattet
sei. Er habe darüber nichts Schriftliches. Er lebe von seinen Einkünften und betreibe kein Geschäft.[24]

Heinrich Heine dichtete 1823/24 rückblickend auf seine
frühere Kindheit in Düsseldorf:

> *Mein Kind, wir waren Kinder,*
> *Zwei Kinder, klein und froh;*
> *Wir krochen in's Hühnerhäuschen,*
> *versteckten uns unter das Stroh.*

---

23 Brief vom 8. März 1822 an den Bürgermeister Kruckenberg.
    Siehe Preuß, 1987, S. 122.
24 Kruse, 1972, S. 22–23. Vgl. auch Steckmest, 2017, S.
    105-114.

Wir krähten wie die Hähne,
Und kamen Leute vorbei – -
Kikereküh! sie glaubten,
Es wäre Hahnengeschrei.

Die Kisten auf unserem Hofe
Die tapezirten wir aus,
Und wohnten drin beisammen,
Und machten ein vornehmes Haus.

Des Nachbars alte Katze
Kam öfters zum Besuch;
Wir machten ihr Bückling' und Knixse
Und Complimente genug.

Wir haben nach ihrem Befinden
Besorglich und freundlich gefragt;
Wir haben seitdem dasselbe
Mancher alten Katze gesagt.

Wir saßen auch oft und sprachen
Vernünftig, wie alte Leut',
Und klagten, wie Alles besser
Gewesen zu unserer Zeit;

Wie Lieb und Treu' und Glauben
Verschwunden aus der Welt,
Und wie so teuer der Kaffe,
Und wie so rar das Geld! - - - -

Vorbei sind die Kinderspiele,
Und alles rollt vorbei – -
Das Geld und die Welt und die Zeiten,
Und Glauben und Lieb' und Treu'.[25]

---

25   DHA Bd. I/1, S. 249-251.

Maximilian Heine (um 1806–1879)
Foto nach der Ordensverleihung um 1860

„Dein Bruder Max ist ein guter Russe"

Mit Maximilian Heine sollte sich die Mediziner-Linie der van Geldern fortsetzten. Seine ehrgeizige Mutter wird das besonders gefreut haben. Ihr Sohn wurde aber der letzte Arzt dieser Linie.

Max sammelte private Briefe, schrieb auch erlauschte Geschichten auf und Erinnerungen zu seiner Familie, die er veröffentlichen wollte, was er dann nach seinem Berufsleben 1868 mit seinem Buch: „Heinrich Heine und seine Familie" tat. Sich selber rückte er immer wieder ins beste Licht, er war eitel, angeberisch und wurde doch von den Geschwistern geliebt und geachtet. Über sein abenteuerliches Leben beim Militär schrieb er Geschichten und ein Buch. Dass sein Dichterbruder ihn dafür lobte, wird ihm mehr als ein Orden wert gewesen sein.

Maximilian, mit jüdischem Vornamen Meyer, ist vermutlich im November 1806 geboren, das genaue Datum ist nicht bekannt. Jedenfalls ist er der jüngste aller Geschwister.[1] In seiner Geburtsstadt Düsseldorf besuchte

---

1 Die Reihenfolge der Geschwister hier im Buch, Maximilian, Gustav und Charlotte, ergibt sich aus den Briefen, die in dieser Reihenfolge am häufigsten noch vorhanden sind, und aus den Lebensaltern, denn Charlotte wurde sogar 99 Jahre alt.

er, wie schon sein Bruder Harry, das Königliche Gymnasium oder vormals Lyzeum im Franziskanerkloster. Die von ihm zuvor besuchte Schule gehörte zur reformierten Kirche. Nach dem Verkauf des Elternhauses in Düsseldorf, als die Familie für kurze Zeit nach Oldesloe zog, besuchte er dort das Gymnasium, wo er auch etwas Dänisch lernen musste.

Die Geschwister Gustav, Max und Charlotte besuchten nach dem zweiten erfolgten Umzug Schulen in Lüneburg, die – zu jener Zeit selbstverständlich – Schulgeld verlangten. Max konnte bis zum Abitur im März 1825 auf das Johanneum gehen. *„Mäxchen ist fleißig, großer Pedant"*, berichtet Heinrich Heine seiner Schwester nach Hamburg.[2]

Mitschüler von Max erzählten, dass er nie von zu Hause fortgegangen sei, ohne seine Mutter und Schwester zum Abschied zu küssen, es sei sogar immer ein bewegender Abschied gewesen. Das Familienleben soll auffallend eng und herzlich gewesen sein.[3]

Nach dem Schulabschluss, dem Abitur, begann Max ein Medizinstudium. Er schreibt, er eilte *„…..im Vollgenusse der jungen Freiheit nach Hamburg, um von allen Verwandten Abschied zu nehmen, und mit den verführerischen Lockungen einer großen Stadt Bekanntschaft zu machen."*[4]

Von Onkel Salomon mit reichlich Geld versehen, machte er sich auf den Weg nach Berlin. Die erhaltenen

2   HSA XX, 118.
3   Kruse, 1972, S. 61.
4   Maximilian Heine, 1868, S. 231.

Goldstücke hatte er sich in seine Weste einnähen lassen. Nach Göttingen wollte man Max nicht gehen lassen, da man zu viele Raufereien mit seinen alten Schulkameraden befürchtete, die dort studierten. In Berlin kannte sich Bruder Harry gut aus, der dort kurz zuvor Jura studiert hatte. Er konnte Max viele Tipps und Adressen sowie Empfehlungen an Freunde geben.

So erwarteten Max in Berlin gute Bekannte seines Bruders Heinrich sowie Geschäftsfreunde seines Hamburger Onkels. Besonders Moses Moser, damals der beste Freund Heinrichs, empfing den jungen Mann mit viel Wärme und großer Herzlichkeit. Max lernte bald auch Eduard Gans, Rahel Varnhagen und die Familie Mendelssohn kennen. Im Haus von Philipp Veit, einem Enkel von Moses Mendelssohn, fand er jeden Donnerstag eine geistreiche und humorvolle Gesellschaft vor, die viel Spaß miteinander hatte und die sogenannte „Narrenzeitung" herausgab. Verständlicherweise ließ sich Max durch zu viele Ablenkungen und durch zu viele verschiedene Studienfächer vom Wichtigsten, dem Lernen für sein Medizinstudium, gern abhalten.[5]

Das eigentliche Studium der Medizin setzte er später jedoch in Göttingen fort, wegen der besseren Studienbedingungen. Dort soll er bereits 1828, also nach nur sechs Semestern, sein *Examen rigorosum* abgelegt haben und am 15. April jenes Jahres zum Doktor der Medizin, der Chirurgie und der „Entbindungskunst" ernannt worden sein. Es folgte die praktische Ausbildung als „Medizinalpraktikant".

---

5   Ebd. S. 232–236.

In Würzburg verbrachte er einen Sommer am Julius-Hospital, dann reiste er nach München, wo er seinen Bruder Heinrich traf, der weiter nach Italien fahren wollte. Anschließend war Max in Heidelberg im Stadthospital tätig, das er aber im Februar 1828 nach dem Tod seines Vaters Samson schon wieder verließ.[6] Bei der Beerdigung seines Vaters auf dem Friedhof Königstraße in Altona bei Hamburg war er nicht anwesend, denn so schnell war eine Reise von Heidelberg nach Hamburg nicht möglich. Tatsächlich hielt er sich einige Monate in Berlin auf und kam erst im Sommer in Hamburg an. Möglicherweise hatte er sich in Berlin taufen lassen. Vielleicht hatte er zuvor nicht gewagt, sich taufen zu lassen, denn die Erfüllung und Ausübung religiöser Zeremonien wurde in der Familie streng überwacht, wenn man sich auch sonst liberal gab.

Wann Max den Entschluss fasste, nach Wien zu reisen, um sich dem russischen Militär anzudienen, ist nicht bekannt, möglicherweise war es Karl von Varnhagen, der ihm diesen Vorschlag unterbreitete. Dieser hatte einst unter Tettenborn gedient, dem sogenannten Befreier Hamburgs von 1813.[7]

Harry schreibt später zu Max in der Augsburger Allgemeinen Zeitung: *„Als er nemlich noch auf der Universität war, wo er eben promoviert hatte, erfuhr er, daß die Pest in der Türkey herrsche, und um sie zu studieren, ent-*

---

6   Werner Köhler: zum 200. Geburtstag des Arztes Maximilian Heine (1806–1879), 2006, S. 27.
7   Müller Dietz, 1987, S. 143.

schloß er sich an dem russisch-türkischen Feldzug als Arzt
theilzunehmen.[8]

Zu jener Zeit befand sich Russland im Krieg gegen die
Türken. Am 26.4.1828 war es aber den russischen Truppen unter General Diebitsch (1785–1831) bereits gelungen,[9] die Türken zu schlagen und Adrianopel, das heutige Edirne, in Besitz zu nehmen.

Doch Russland führte eigentlich ständig Krieg. Die
Sicherung der Eroberungen an der Ostsee, erst recht
jener am Schwarzen Meer, hatten eine andauernde Aus-
einandersetzung mit dem Osmanischen Reich zur Folge.
Ziel war die Rückeroberung Konstantinopels für die
orthodoxen Christen. Ein weiteres Ziel war der Zugang
zum Mittelmeer. 1812 bereits hatte sich Zar Alexander I. Bessarabien einverleibt.

Nach Beendigung der Napoleonischen Kriege unterstützte Russland den Aufstand der Griechen von 1821
und führte 1827 die Unabhängigkeit Griechenlands
herbei, unterstützt von Franzosen und Engländern. Daraufhin schloss das Osmanische Reich die Durchfahrt an
den Dardanellen und beschlagnahmte alle alliierten
Schiffe am Bosporus. Als weitere Verhandlungen zur

---

8   9.8.1852 Bericht in der Augsburger Allgemeinen Zeitung.
      DHA XV, 115.
9   Diebitsch stammte aus einem schlesischen Adelsgeschlecht.
      Ab 1822 war er Chef des Generalstabs. Er stand auf der To-
      desliste der Dekabristen. Durch den Verrat des türkischen
      Kommandanten erfolgte 1828 die Einnahme von Varna.
      1829 wurde er Graf mit dem Zusatznamen – Sabalkanski.

Aufhebung scheiterten, erklärte der Zar dem Osmanischen Reich den Krieg.[10]

Versorgungsprobleme erzwangen den Rückzug der Russen im Winter 1828. Eine furchtbare Seuche, die ansteckende Beulenpest, verbreitete sich außerdem von Süden herkommend über die Soldaten als Überträger nach Norden hin. Sie forderte allein unter den Russen innerhalb von zwei Jahren 23.000 Todesopfer.[11] In seinem gelobten Buch zur Geschichte der Pest schreibt Max 1846 folgendes Vorwort: *„An Sie, geehrtester und vielgeschätzter College, richte ich diese Zeilen, den Erguss der wehmüthigsten Empfindungen, die das Urtheil und die Absichten der Pariser Academie der Medicin über eine so wichtige Lebensfrage, als Contagiosität oder Nichtcontagiosität der Pest, in mir erweckt haben.“*[12] Es ging hier um den Beweis, dass die Pest eine ansteckende Krankheit sei, denn die Pariser Académie hatte Quarantäne-Maßnahmen für unwichtig gehalten.

Aber auch andere Krankheiten dezimierten die Truppen. Der neue junge Kommandant General Diebitsch übernahm nun allein das Kommando, der Zar kehrte zurück nach St. Petersburg.

---

10 Thomas Berger: Russlands unbekannte Kriege – der russisch-türkische Krieg von 1828/1829. PDF. Undatiert und ohne Seitenangabe.

11 Maximilian Heine, 1846: „Beiträge zur Geschichte der orientalischen Pest.“ 1829 lagen über 6000 Menschen im Kriegshospital in Adrianopel, davon starben 5200.

12 Ebd.

Die Seuche war der Grund, weshalb jetzt so dringend Ärzte gebraucht wurden – eine Chance, die Maximilian nutzte. Interessant ist auch zu wissen, dass ein großer Teil der Ärzte in Russland Deutsche waren, ja sogar zwei Drittel aller Ärzte deutsche Wurzeln hatten. Der deutsche Arzt war eine typische Erscheinung im russischen Leben. In St. Petersburg lebten besonders viele Deutsche, die verschiedenen Berufen nachgingen.[13] Schon beim Aufbau der Stadt waren die ersten deutschen Handwerker dorthin gekommen. Dostojewski nannte St. Petersburg die *erdachteste Stadt der Welt*. Sie war dem Westen zugewandt, multinational und kosmopolitisch. Die überwiegend gebildeten Deutschen gründeten, wie es ihre Art ist, auch Verbände, Vereine und Gesellschaften. Man konnte also ganz unter sich bleiben. Als Max nach St. Petersburg kam, waren vermutlich bereits 30.000 Deutsche in der Stadt, das entsprach 8 Prozent der Einwohner.

Ein Hamburger Besucher beschrieb seine Eindrücke von St. Petersburg sehr anschaulich. In seinem Reisebericht heißt es: *„Dieser königliche Newastrom und seine prachtvollen Kays; diese schimmernden Paläste; diese sich stolz sich erhebenden Denkmale; diese goldenen Kuppeln und*

---

13 Bis ins 18. Jahrhundert hinein waren 40% aller Ärzte in Russland Deutsche. Von der russischen Oberschicht wurde das Medizinstudium als nicht standesgemäß angesehen und die Mittelschicht hatte kein Geld für ein Auslandsstudium. Traten Ärzte in den Staatsdienst, hatten sie sogleich einen hohen Stellenwert in der Gesellschaft. Gerade in St. Petersburg lebten besonders viele Deutsche. Sie waren oft Spezialisten in den Bereichen Handel, Finanzen, Wissenschaft und Medizin. (K. Zieger: Die Bedeutung der deutschen Ärztevereine. Doktorarbeit 2003.)

Silberthürme; diese breiten und geraden Gassen und weiten öffentlichen Plätze – das alles erschien gigantisch größer noch, hinter dem leicht dämmernden Schleier und in der schweigenden Ruhe der Nacht. Der erste Gang durch die schnurgeraden, langen, breiten, reinlichen, lichten, in allen Theilen wohlgeordneten Gassen, hat einen eigenen, anziehenden und festhaltenden Reiz. Hier findet man keine Getümmel, Gedränge, Sperrungen, der großen theils engen, krummen, finstern, kothigen Gassen von Paris und Wien."[14]

Auch wenn der Krieg von 1828 im Süden Russlands keine großen Spuren hinterließ, so waren seine Auswirkungen für die weitere Geschichte Russlands und sogar Europas von Bedeutung. Die Kontrolle der Donaumündung durch Russland und die Fast-Einnahme von Konstantinopel veränderte die generelle Einstellung der westeuropäischen Mächte England und Frankreich zu Russland und zum Osmanischen Reich. Man hatte bei Griechenland noch an der Seite Russlands gestanden, doch nun sah man seine eigenen Handelsinteressen bedroht. 1853 sollten dann die Russen gegen die Franzosen und Engländer auf der Krim kämpfen.

Max ist von Wien aus, wie Heinrich Heine berichtete, General Diebitsch über die österreichischen Provinzen nachgeeilt. In der Walachei wurde er aber von dem dortigen „Pestcordon" zurückgewiesen.[15] Er ließ sich aber nicht abschrecken und reiste unverzüglich nach St. Petersburg. Er absolvierte die nötigen Examina, trat in den

---

14 Siehe Domherr Meyer, 1829, S. 16–19.
15 Ein Cordon, eine Sperre als Quarantäne eingerichtet, damit kein Kranker aus dem verseuchten Gebiet herauskam. Siehe auch: Köhler, 2006, S. 28.

Armee-Dienst ein und wurde sogleich als Arzt zur russischen Armee geschickt.

Allerdings gibt es bezüglich der Datenlage Ungenauigkeiten und Lücken. Denn 1829 reiste Max nach St. Petersburg, aber erst 1832 steht er als Dr. med. in den Unterlagen der Akademie. Jeder ausländische Arzt musste ein Examen durchlaufen. Möglicherweise hatte man zuvor in Eile handeln müssen. Heinrich war aber überzeugt, sein Bruder habe bereits 1829 die Prüfung abgelegt.

Sicherlich erhielt Max, wie zuvor schon für sein Studium, weiterhin Wechsel von Onkel Salomon, nun über das Bankhaus Stieglitz in St. Petersburg, denn der Verdienst beim Heer war schmal.

Stieglitz war über seine Mutter und seine Ehefrau mit Heines verwandt, darum gab es früh eine geschäftliche Beziehung zwischen den Bankiers Salomon Heine und Ludwig Stieglitz, der seine Bank am Englischen Ufer Nr. 68 (Angliyskaya Nabergonaya) erbauen ließ.[16] Sein Sommerhaus, schon eher ein Palast, war auf der nördlichen Insel Kammennoi Ostrow in der Nähe der Residenz des Zaren erbaut worden.[17]

---

16 Das Bankgebäude von Stieglitz gehört seit 2011 zur Universität von St. Petersburg.

17 Ludwig Stieglitz (1779–1843), ab 1826 Baron und Hofbankier, beteiligte sich an verschiedenen Unternehmen. Verheiratet war er mit Amalie Gottschalk aus der Familie Heine, die zusammen mit Salomon und seinen Brüdern in Hannover aufgewachsen war. Sein Palast dient jetzt den St. Petersbur-

Max war zum V. Armeekorps unter Johann Friedrich von Roth abkommandiert worden, traf aber erst nach Ende des Russisch-Türkischen Krieges in Adrianopel ein, wo er den Ausbruch der Pest miterlebte. Noch war die Pest im Osmanischen Reich weit verbreitet.[18]

„Wo liegt Kamtschik?", fragt Max seinen Bruder Heinrich in einem Brief vom 19. Juli 1830. Es war ein Ort mitten im Balkan. Verschwenderisch habe die Natur all ihren Zauber für diese Gebirgskette ausgeteilt. Am nächsten Tag sollte es nach Varna gehen. Max berichtet weiter: *„Es ist eine unsterblich reiche Quelle für Gedanken -- Ich habe nun nach einem 18 monatlichen Aufenthalt T h r a z i e n verlassen, und morgen bin ich an der Gränze des Landes, was die Alten M ö s i e n nannten. Meine Mußestunden habe ich philologisch benützt. In den Städten Adrianopel, Burgas, Messambria, Sisopolis (ehemals Apollonia), Anchiolis und an den Ufern des Hebrus, habe ich die erfreulichsten Notizen über das alte Hellas gesammelt.[...] -*
Wie aus einem Mährchen-Traume erwache ich, wenn ich bedenke, wie ich so oft an Ruinen, Flüssen, Städten stehe, von denen unsere Philologen die wahnsinnigsten Skizzen sich auf ihrem Strohlager ausdenken.[...] - Als der gute Direktor Wagner zu Lüneburg mir einen derben Verweis gab, weil ich nicht wußte wo der Hebrus fließt, da dachte ich damals, er sieht doch nicht so aus, und was geht mich sein Wasser an, ich werde es nie trinken!"[19]

---

gern als Kurhaus. Adresse: Naberegnaya Sredney Nevky 6. Für die Adressen bedanke ich mich bei Irina Fogel.
18   Köhler, 2006, S. 28.
19   HSA XXIV, 56.

Max' Beschreibung klingt fast nach einer Urlaubs- oder nach einer Forschungsreise, doch der Russisch-Türkische Krieg war wahrlich kein Spazierritt.

Aus Kischinew berichtet Max: *„Das Land Bessarabien war bis 1812 noch türkische Provinz, war damals Wüsteney, und blüht jetzt unter beglückendem Szepter Rußlands. [...] - Dieses Land, was man in s e i n e r j e t z i g e n, sehr interessanten Gestalt, fast gar nicht im Auslande kennt, werde ich einer speziellen Beschreibung unterwerfen.“*[20] Da merkt man schon, dass Max das Schreiben im Sinn hat.

Weiter heißt es bei ihm: *„Deine* [Heinrichs] *Reisebilder sind im ganzen Hauptquartier bekannt geworden, und haben sehr gefallen – Es gibt im Russischen einen Dichter, Puschkin, der außerordentliche Aenlichkeit mit Dir hat.“*[21] Und etwas weiter folgt: *„Einen großen Theil meines Leibes, sowohl materiell als dynamisch, haben die türkischen Damen beschäftigt, und die aller angenehmsten Erinnerungen werden lebenslänglich wie vergangene Zaubermärchen, in trüben Stunden mich erheitern.“*[22]

Im Sommer hatte Max darüber zu wachen, dass in Varna keine neuen Pestfälle auftraten. Er hatte Glück – die Pest war vorbei –, er konnte sein Leben genießen. Dann begann der Rückmarsch der Truppen. Aus Dank erhielt er sein erstes Ehrenzeichen, eine Medaille am Bande, und durfte nun mit „Stabsarzt" unterzeichnen. Die Urkunde, die er erhielt, hatte den Titel: „Stadtmediziner

---

20   HSA XXIV, 67.
21   HSA XXIV, 67.
22   HSA XXIV, 68.

der Festung Varna". Anschließend erfolgte eine Versetzung nach Kischinew.

Der folgende Brief von Max im Oktober 1831 kam aber aus St. Petersburg, wo er vor seiner weiteren Versetzung gewesen sein muss. *„Mein türkischer Feldzug liegt vollendet da, ganz ausgearbeitet bis auf die Dedication, die Dir geweiht. Man rühmt in diesem Bändchen die leichte, launige und sehr belehrende Darstellung."*[23] Also ein zweiter Heine, der Karriere im Schreiben machen wollte? Ein medizinisches Werk hatte Max bereits in Arbeit, auch Verse flossen aus seiner Feder, die jedoch weniger Anklang fanden und von Heinrich verrissen wurden. Bereits bei Heinrichs Aufenthalt in Lüneburg 1823, als Max noch zur Schule ging, dichtete er, aber sein Bruder riet ihm: *„Schreibe Prosa, lieber Max, genug Unglück in der Familie an einem Dichter!"*[24]

Es habe wohl selten einen jungen Arzt gegeben, der in so wenigen Jahren so viele Länder mit so eigentümlichen Krankheiten gesehen habe, behauptete Max. Sein intensives Schreiben, trotz der kriegerischen Tätigkeiten um ihn herum, erklärte er mit seiner Angst; beim Schreiben habe er sich davon abgelenkt.

1832 wurde er ins Militärhospital nach Minsk versetzt. Zuvor war er noch bei der Niederschlagung der „Julirevolution in Kongreßpolen" dabei. Hier erlag General Diebitsch im Juni 1831 der Cholera und auch Max hatte sich damit leicht angesteckt.

---

23   HSA XXIV, 93..
24   della Rocca, 1881, S. 14.

52

Zurück in St. Petersburg wollte er wieder ein Buch herausbringen. Jetzt stand er im Rang eines Majors, womit bereits der persönliche Adelstitel verbunden war. Überall zuvor hatte er viel Material für das Buch gesammelt. Neben seinen späteren Memoiren beabsichtigte er auch ein medizinisches Werk herauszubringen: *„Außerdem liegt ein schönes Werk, aber ein medizinisch, in Manuskript [...] Ich habe 5 der seltensten, wichtigsten und gefährlichsten Krankheiten ganz nach meinen Beobachtungen, Erfahrungen und Curmethoden abgehandelt."*[25]

Doch diesen Plan, beschrieben vermutlich an seinem 27. Geburtstag, führte er vorerst nicht aus.

1833 erschien ein Buch von Max, mit dem Titel: *Bilder aus der Türkei*. Es erhielt eine Widmung an die russische Armee, die Max in zwei Feldzügen begleitet hatte. Sein Bruder in Paris äußert sich wie folgt dazu: *„Daß Deine Türkenbilder* [Bilder aus der Türkei] *– wegen Deiner Russenliebe just nicht überall amüsieren, konntest Du Dir wohl vorstellen, bey der jetzigen Stimmung. Tröste Dich aber damit, daß das Buch selbst gut ist. Das Buch ist wirklich gut. Die Verse sind schlecht, die Prosa ist aber vortrefflich. Ich verstehe das. Habs jetzt zum drittenmal gelesen, und ich weiß nicht warum ich nicht gegen meinen eigenen Bruder gerecht seyn soll. Die Deutschen haben wahrhaftig nicht viel Aehnliches in den letzten 3 Jahren hervorgebracht, Besseres gewiß nicht. Ich weiß das es nicht leicht ist mit Leichtigkeit zu schreiben, und gar über Krieg und Pest."*[26]

---

25 HSA XXIV, 93..
26 HSA XXI, 83.

Teile aus Maximilians Werk, „Bilder aus der Türkei, nach eigener Anschauung skizziert von Doctor Maximilian Heine", erschienen kurz zuvor im St. Petersburger Deutschen Almanach. Hier ein Auszug aus dem Kapitel über Adrianopel.

„Das Gedränge der Menschen sowohl hier als auf dem Bazar selbst ist nur mit der Börsenzeit in Hamburg oder dem Prater in Wien […] zu vergleichen. Auf diesem Halis=Pascha versammelt sich die etwanige schöne Welt und hier hat es denn die Aufklärung schon so weit gebracht, daß Türkische Fräuleins, ziemlich tief und ehrbar verschleiert, den vorübergehenden Herren nicht ohne philosophischen Grund ihr weißes Taschentuch in die Hände gleiten lassen. […]

Türken und Juden sind die geachtetsten Einwohner der Stadt, die Griechen sehr verhaßt, die Bulgaren, ihrer guten Oekonomie wegen, allen übrigen Christen=Bewohnern vorgezogen; die Armenier sind entweder alle Schneider, oder übergeben sich dem gelehrten Stande. […]

In der Stadt selbst befinden sich sehr viele Kirchhöfe. Fast jeder vornehme Türke hat einen solchen Miniaturkirchhof am Hofe, oft auch selbst vor der Türe. […] Mit den Gesetzen der öffentlichen Gesundheitspflege stimmt dieser Sittengebrauch freilich schlecht überein. Vieles auch trägt zu dieser Befreundung mit dem Tode vielleicht die schöne Stelle im Koran bei, wonach die Verstorbenen eingehen in die ewige Wollust schönbewässerter schattiger Gärten zum unauslöschlichen Genusse der schwarzäugigten Jungfrauen wo ihnen das

Wasser der Paradiesrosen aus den Perlenmutterschalen der himmlischen Jünglinge entgegen duftet."[27]

Im selben Jahr berichtet Max seinem Bruder Heinrich: *„Was meine Gesundheit betrifft, so gehts langsam - Scheint die Sonne, und ists recht warm, so bin ich der alte Max, ists aber kalt, dann bin ich ein trauriger Ritter - ich komme immer auf die verfluchten Polen zurück, die ein schreckliches rheumatisches Sensorium in allen Gliedern zurükgelassen haben.*"[28]

Obwohl Petersburg beständig prächtiger und pompöser wurde, wollte Maximilian dennoch nicht immer dort leben. Es sei zu teuer und zu kalt; er könne die Kälte nicht mehr vertragen. Er beabsichtigte noch einmal nach Hamburg zu reisen, allerdings im Winter *„....durch ganz Lief- Esthl- und Kurland durch das hungrige Nordpreußen über Königsberg und Berlin nach Hamburg ist kein Spazirgang, den man gern im Dezember Monat macht.*"[29] Von Onkel Salomon aus Hamburg hatte Max einen Brief erhalten, *ein schmeichelhaftes Schreiben*, wie er anmerkte, dessen Inhalt leider unbekannt ist, das ihm aber unendlich viel Vergnügen gemacht habe.

In Hamburg glücklich angekommen, konnte Max ab Mai in Ottensen bei seinem Onkel auf dem Lande leben. Am 8. Juli jenes Jahres äußerte sich Max wieder

---

27 St. Petersburger Deutscher Almanach, darin: Bilder aus der Türkei von Maximilian Heine. S. 345–346. (Vermutlich Anfang 1833). Für das Buch bedanke ich mich bei Susanne Koppel.

28 HSA XXIV, 144.

29 HSA XXIV, 145.

sehr positiv über Onkel Salomon. Er schreibt an Bruder Heinrich: „*Unsere Ansichten über viele Dinge der jetzigen Welt sind freilich recht verschieden, doch kann unsere Freundschaft dabei fortbestehen; was Du auch über mich hören solltest, und an abgeschmackten Urtheilen wird es nicht fehlen, so weißt Du doch allzeit was Du von mir zu halten hast, und Du bist zu klug, um mich nicht ganz begriffen zu haben. Du hast mich begriffen. Alles was Du jetzt geschrieben hast, habe ich mit Wollust gelesen.*"[30]

Den Rest des Sommers 1833 beabsichtigte er weiterhin bequem bei Onkel Salomon und dessen Frau Betty zu verbringen, mit denen er sich ausgezeichnet verstand. Die Familie war gesund und lebte wie jeden Sommer kurz hinter Altona an der Elbe. Schon im August des Jahres 1812 hatte Salomon sein Anwesen im dänischen Ottensen erworben, gerade rechtzeitig, bevor die französische Belagerung in Hamburg begann. Die Familie verbrachte dort wie jedes Jahr von Mai bis September ihren Sommeraufenthalt mit angenehmerer Luft als in der Stadt und bei schönster Lage oberhalb der Elbe. Als Max dort lebte, hatte das Haus noch nicht die Größe, die es nach dem folgenden Anbau erhalten sollte.[31]

„*Die ganze Familie befindet sich wohl, die Narren sind gesund und die Gesunden sind Narren – Vorzüglich zeichnet sich unser Schwager Moriz aus. Unser Lottchen* [Schwester Charlotte und Moritz von Embden hatten 1823 in

30   HSA XXIV, 184–185.
31   Beim Kauf des Sommerhauses 1812 hatte es eine Grundfläche von 73 qm, nach dem zweiten Um- und Anbau waren es 140 qm. Siehe: StAHbg, 424-5, Registratur der Kämmerei Altona, 2069.

Hamburg geheiratet] *ist ungemein liebenswürdig, doch schade daß am edlen Heineschen Stamme Embdensches Ungeziefer sich heraufschwingt.*

Edel und höchst lobenswerth trotz Naturfehlern, ist unser guter Onkel Salomon. Der Mann hat einen seltenen Verstand. Ich lebe sehr intim mit ihm, doch gebrauche ich keinen Schilling von ihm noch von einem andern. Und das macht unsere Freundschaft fester. Ich spreche stets von Dir mit ihm. Und nun lebe wohl, schreibe bald und liebe mich

Dein zweiter Bruder und erster Verehrer Maximilian"[32]

Hinsichtlich der angeheirateten Verwandtschaft war man mit einem Urteil in der Familie Heine nicht gerade zimperlich. Das „Ungeziefer" bezog sich wohl in erster Linie auf Tante Henriette geb. von Embden, Ehefrau von Onkel Henry, die in der Familie nicht beliebt war, aber auch mit ihrem Bruder Moritz gab es Probleme, besonders aus der Sicht von Heinrich.

Max genoss sicherlich den Sommer in Ottensen, von wo er eifrig mit Heinrich korrespondierte. *„Es ist nicht blos die Freude vom Bruder ein Schreiben zu erhalten, sondern die Freundschaft, die aus allen Deinen Worten zu mir spricht, erhebt und ermuthigt mich. Möge immer dieses freundliche Verhältniß uns beglücken, möge ich nie einen trüben Moment bei Dir verursachen. Von den Tausenden, die Dich verehren, stehe ich an der Spitze. Ich thue mir was zu Gute drauf, selbst Deine Schwächen zu übersehen."* Und etwas weiter: *„Ich habe einen schönen, höchst erfreulichen Sommer hier verlebt. Ich habe auf dem Lande bei Onkel Salomon gewohnt, dessen Favorit ich jetzt bin. Über Salomon*

---

32   HSA XXIV, 201.

läßt sich viel Gutes sagen. Schade, daß Du diesen Mann stets von der unliebenswürdigen Seite hast kennen gelernt. Ich habe seinen intimsten Umgang genossen, und bin höchst entzückt von dem Geist dieses seltenen Mannes. Es ist ein praktischer Geist, der nur groß ist, weil er nichts gelernt hat. Ich möchte wohl, daß Du ihn so kennen lerntest wie ich.[33]

In den Journalen, die Max zum Lesen bekam, sei hier und da etwas über den Dichter-Bruder erschienen. „*Du mußt jetzt gegen alles Lob schon gleichgültig seyn, wenn es so reichlich fließt. Die Deutsche Literatur ist öde wie gewöhnlich.[…] Campe jammert sehr, daß er kein Manuskript von Dir bis jetzt hat, da noch 3-4 Bogen zur Vollendung des Buches nöthig sind.*"[34]

Allein von einem Sommeraufenthalt in Hamburg war bei Max nicht mehr die Rede. Es wurde Winter und es wurde wieder Sommer, aber er war immer noch in Hamburg. Er verstand es sicherlich besser, mit Onkel Salomon umzugehen, als sein hitzköpfiger Bruder Heinrich. Und da er kein Geld für sich forderte, war er ein angenehmer Gast.

Eine Begebenheit aus dieser Zeit beschreibt er in seinem Erinnerungs-Buch unter dem Titel „Der Antiquar".

„*Herr Behn, Antiquar und Hausbesitzer in Hamburg, hatte ein Geschäft, das ihn und seine Kinder gut nährte. Dabei hatte er eine Leihbibliothek. Meine Mutter war bei ihm*

---

33 HSA XXIV, 208.

34 Ebd. Julius Campe (1792-1867) war ein bekannter Verleger in Hamburg, den Heinrich Heine 1826 kennengelernt hatte und fortan als seinen Verleger und Freund betrachtete.

abonniert, und er war nicht wenig stolz darauf, daß die Mutter Heinrich Heines die deutsche Literatur durch seine Hand erhielt. Sie war eine sehr rasche Leserin, und Herr Behn konnte die Nachfrage nach Novitäten kaum befriedigen. […] Durch mannigfache Unglücksfälle kam er in eine solche Verlegenheit, daß, wegen einer Schuld von 9000 Mark, nicht nur sein Haus unter dem Hammerschlag verkauft werden sollte, sondern er auch durch gänzlichen Verlust des Geschäfts mit seiner zahlreichen Familie dem Bettelstabe zufallen mußte.

Max bat nun Onkel Salomon, in dieser Geschichte zu helfen:

An einem solchen schönen Morgen, es war weiter nichts zu thun, die Tante war hinausgegangen, war ich mit dem Alten allein und dachte: das ist der günstige Moment, meine Bitte für den armen Antiquar anzubringen. Fehlgeschossen, ich hatte kaum meine Bitte vorgebracht, die neun tausend Mark waren kaum aus dem Munde, so stand mein Onkel wüthend auf, warf die Kaffeetasse zur Erde, ließ die Pfeife fallen, und schrie mich mit den Worten an: ‚Soll ich des Morgens früh auch schon keine Ruhe haben. Muß ich zu Grunde gerichtet werden, hol Dich der Teufel mit dem ganzen Antiquar!‘- ich ließ den Wüthenden seinen Satz nicht ganz aussprechen, rief ebenso schreiend dazwischen: ‚Und mit seinen neun Kindern!‘ und verließ rasch das Zimmer.

Maximilian erschien weder zum Mittag noch zum Abendessen. Am nächsten Morgen sprachen beide nicht darüber, doch dann begann Salomon: „Sag’ mir noch einmal genau, wie verhält sich die Sache mit dem Bücherhändler?‘ - Lieber Onkel, sie verhält sich gar nicht mehr, ich will *mit dieser und gar keiner Angelegenheit etwas zu thun haben – und war im Begriff das Zimmer zu verlassen. Der gute Alte mußte mich jetzt ordentlich bitten, daß ich ihm den ganzen Zustand des Antiquars ausführlich mittheilte. ‚Sage ihm, Max, daß er morgen, bevor ich an die Börse fahre, mit seinem Hauptbuche in mein Cabinet komme.'*

So geschah es. Der Alte überzeugte sich vollkommen, daß der so thätige Mann nur Unglück in seinem Geschäfte gehabt, und durch einen Vorschuß gerettet werden könnte. Herr Behn erbot sich drei Procent Zinsen zu zahlen. ‚Ich will keine Zinsen,' sagte der Alte, „und die neun Tausend Mark können Sie durch mein Comptoir beziehen.' Herr Behn erholte sich, sein Geschäft ging weiter, und ich habe nach vielen Jahren den mit Thränen mir dankenden Mann wiedergesehen."[35]

Wenn auch Max' Familienhistörchen alle ein wenig überzeichnet sind, so sind sie wohl im Kern wahr und haben sich so oder so ähnlich zugetragen.

Als Max den Winter 1833/34 in Hamburg verbrachte, wo er im Haus am Jungfernstieg mit der Familie wohnen konnte, lebte außer Carl Heine, dem noch unverheirateten Sohn von Onkel Salomon, keiner mehr bei den Eltern. Zwei erwachsene Töchter des Onkels waren bereits verstorben, ebenfalls Salomons Sohn Hermann. Die beiden anderen Töchter waren in Königsberg und Hamburg verheiratet.

Da Heinrich die Familie in Hamburg immer mit seinen neusten Werken versah oder die Werke frisch aus Campes Verlag an die Familie kamen, hatte Max einiges zu

---

35 Maximilian Heine, 1868, S. 208–213.

lesen. Im Januar schreibt er seinem geliebten Bruder: *„Dein Salon ist erschienen – Ein Buch voll schöner Sachen. Zugleich die geistreichsten Schweinereien die ich je gelesen habe. Die allgemeine Meinung ist günstig – Das Capitel über Hamburg macht Furore – Leider hast Du durch einige allzu triviale Ausdrücke den Gegnern Gelegenheit zu bösen und malitiösen Bemerkungen gegeben.[...] -Eigentlich stehst Du doch viel zu hoch, viel zu erhaben um zu gemeinen Witzen zu greifen. So sagen Einige, Andere meinen Du wärest sehr geistreich, griffest aber beständig unter den Unterrock. [...]*
Salomon Heine ist noch immer mein bester Freund – wir gehen ganz auf Burschenton zusammen um.“[36] Auch schreibt er, dass Goethe gesagt haben solle: *„Wenn Heine erst aufhörte ein Gassenjunge zu seyn, dann ist er der größte Dichter, der je gelebt hat!“*[37]

In einem späteren Brief im Januar rät Max seinem Bruder, sich nicht über alles aufzuregen und nicht auf alles zu reagieren. Er bestätigt Ludwig Börnes Einschätzung, dass Heinrich sich über jeden „Schiss" ärgere und leicht aus einem „Furz" einen Elefanten mache.

Von Bruder Gustav waren gute Nachrichten in Hamburg eingetroffen. Auch aus offizieller, wohl militärischer Quelle wusste Max, dass Gustav ein beliebter Offizier im Regiment war.

Aus Paris beschwerte sich Heinrich im März über mangelnde Post von Max bei seiner Mutter: *„Mein Theurer*

36   HSA XXIV, 240–241.
37   Ebd.

Herr Mäxchen schreibt mir auch nichts. Aijah! Warum er-
halte ich keinen ordentlichen Brief von Ew. Wohlgeboren,
Herr kaiserl. königl. russischer Klystiersetzer?"[38]

„Lieber Max!", schreibt Heinrich im April wieder nach
Hamburg, *„Euren lieben Brief woraus ich ersehe, daß Ihr*
alle Narren seyd, habe soeben erhalten und da in diesem Au-
genblick mein körperliches und geistiges Mißbehagen mir
nicht Besseres zu thun erlaubt, so will ich auf der Stelle Dei-
ne Zeilen erwidern. Rathe mir als Arzt, was thu ich gegen
mein Kopfweh, das mich seit zwei Monath stärker als je
heimsucht? […] Rathe mir, lieber Max, soll ich dies Jahr
wieder ein S e e bad besuchen?"[39] In medizinischen Fragen
legte Heinrich immer großen Wert auf Max' Rat, zu
ihm hatte er jedenfalls in dieser Hinsicht ein großes
Vertrauen.

Im Mai 1834 endlich dachte Max langsam an eine Abreise in Richtung St. Petersburg. *„Mit dem ersten Juni ge-*
denke ich abzureisen, und kehre nach meinem lieben Ruß-
land zurück – Ich nehme noch keinen Abschied von Dir.[…]
Ich liebe Dich sehr und meine Seele ist stets bei Dir. Bleibe
mir zugethan mit Liebe und Aufrichtigkeit. Deutschland ist
schön, aber noch schöner wenn man in der Ferne daran
denkt.- Bleibe wohl.
Mit aller Liebe, Dein Bruder Maximilian"[40]

Am 16. Juni war Max immer noch in Hamburg, bzw. in
Ottensen, aber der Wagen zur Abreise stand schon vor
der Tür. An seinen Bruder schreibt er noch einmal: *„Mit*

---

38 HSA XXI, 79.
39 HSA XXI, 82–83.
40 HSA XXIV, 261.

Salomon Heine bin ich nun 1 Jahr intim umgegangen.
Möchtest Du ihn so kennen gelernt haben als ich. Er ist der
wunderbarste Mensch den ich je gekannt, der beste Freund
den ich verlasse. Er hat mich reichlich beschenkt, doch noch
mehr als sein Mammon, haben seine Briefe mich entzückt,
die er mir nach Petersburg mitgegeben.“[41]

Zurück in St. Petersburg wurde Max zusammen mit
dem Arzt Dr. Hinze Mitarbeiter des „Magazins für an-
genehme und belehrende Unterhaltung". Dass Max sich
überhaupt in der Stadt niederlassen durfte, hatte mit seiner Taufe zu tun; denn als Jude wäre ihm diese Möglichkeit verweigert worden. Der Zar duldete keine Juden
in seiner Stadt. Auch Bankier Stieglitz war schon, bevor
er in St. Petersburg eintraf, getauft gewesen. Die
Rothschilds konnten aus diesem Grunde keinen jüdischen Agenten (Vermittler oder Makler) in der Stadt
platzieren.

In späteren Jahren gab Max zusammen mit zwei Kollegen die „Medizinische Zeitung Russlands" heraus. 1833
waren ja bereits „Meine Bilder aus der Türkei" erschienen, 1841 folgten „Erinnerungen an St. Petersburg" und
1844 die „Medicinisch-topographische Skizze von
St. Petersburg". Vier Jahre später schrieb Max „Fragmente aus der Geschichte der Medicin in Rußland".
Dieses Werk widmete er dem König der Niederlande,
Wilhelm II. Sein Buch beginnt mit den Worten: *„Bei-*
nahe in der Geschichte aller Staaten werden Historien er-
zählt, dass Aerzte ihre Patienten vergiftet hätten. Auch in
der älteren Geschichte Russlands fehlt es nicht an solchen

---

41   HSA XXIV, 266–267.

Beschuldigungen, und namentlich werden von vielen Histo-
rikern einige Zarrische Aerzte dieses Verbrechens angeklagt."
Das war sicherlich ein spannendes Thema, das viele
interessierte.

Max war also ein Arzt mit literarischem Anspruch, und
solange er nicht versuchte, Verse zu reimen, war er sicherlich auch ein guter Schriftsteller. Das Buch von
1844 enthält folgende Widmung für Onkel Salomon:

„Auf Sie, mein geliebter Oheim, der selbst viele Armen-
anstalten, Kirchen, Lehrschulen und Hospitäler gestiftet, und
aufs Freigebigste unterhält, muss das Edle und Wohlthätige,
das unser Petersburg dem Leidenden so vielfältig darbietet,
den erfreulichsten Eindruck machen. Ihrem Gefühle wird es
wohlthun, auch im hohen Norden gleichgesinnten, hochher-
zigen Menschenfreunden zu begegnen. Es sei deshalb dem
Manne, in dessen edlem Gemüthe so viel tausend Unglückli-
che ein schützendes Asyl gefunden, dies Büchlein gewidmet,
als ein öffentliches Zeichen unbegränzter Liebe und
Hochachtung
Maximilian Heine."

Zwischen Maximilian und seinem geliebten Onkel Salomon gab es besonders nach dem letzten langen Zu-
sammensein einen regen Briefverkehr.[42] Vielleicht hatte
Max bei seinem langen Aufenthalt in Hamburg die vor-
handene positive Einstellung seines Onkels zu Russland

---

42   Die Briefe von Salomon Heine an Maximilian erhielt ich
      dankenswerterweise als Kopie aus dem Heinrich-Heine-
      Institut. Bei der Transkription halfen mir Susanne Koppel
      und Jürgen Sielemann.

und dessen Herrschern durch seine Berichte weiter beflügelt.

Bereits Salomon Heines Schwiegersohn Dr. Christian Schröder, der unter Zar Alexander I. als Militärarzt gedient hatte und mit einem Brillantring ausgezeichnet wurde, hatte bei Salomon große Achtung erworben. Auch Zar Nikolaus I. wird durch Max' Erzählungen einen nachhaltigen Eindruck bei Salomon hinterlassen haben. Jedenfalls lobte Salomon den Zaren in verschiedenen Briefen, z.B. am 2. Juli 1834: *„Ich wollte wohl Petersburg sehn, ich liebe den Kayser, wie Du weißt, aber mein Alter erlaubt es nicht."*[43]

Am 1. Mai 1835 schreibt er: *„Lieber Max, mit dem Diamanten-Ring, Dein Schreiben hat uns viel Freude Gemacht! Ich wollte nur, es stande im Correspondenten als ein Articel von Petersburg, es ist mir sehr lieb Deinetwegen, und ein Beweis, daß man zufrieden ist, werth oder nicht werth komt nicht in Anschlag. Dein Kayser hat geschenkt, das ist mehr als Geldes Werth. Gott erhalte diesen mann, Zum Wohl der Menscheit. Du kennst meine Gesinnung, wie hoch der Kayser als Mensch und Regent bei mir steht. Leute die anders urtheilen, sind zu bedauern."* Der Nachsatz, von seinem Sohn Carl geschrieben, lautet: *„Auch ich gratuliere bestens zum Kaiserlichen Gruß!"*[44]

---

43 Dass Zar Nikolaus I. von Juden brutal die Taufe erzwang und das Tragen von Schläfenlocken verbot, war Salomon sicherlich nicht bekannt. Juden mussten Militärdienst leisten und das 25 Jahre lang. Brief von Salomon Heine im Heine-Institut.

44 Brief im Heine-Institut.

Zuvor hatte es in St. Petersburg ein großes Unglück gegeben, denn ein Holzhaus für Pantomimen-Aufführun-
gen war abgebrannt und viele Zuschauer waren darin
umgekommen. Sicherlich hatte der „Kayser" den Verwundeten Trost zugesprochen. Auch Max war als Arzt
zu den Verunglückten ins Krankenhaus gerufen worden.

„Am 30. Juni stand doch alles im Correspondenten," berichtet Salomon am 28. Juli 1835 erleichtert und „*Gott erhalte den Kayser zum Wohl der Menschheit, sein Bild steht in
meiner Stube.*" Kurz zuvor hatte Max ihm ein Bild von
Nikolaus I. geschickt.

Am 26. Februar 1836 schreibt Salomon sogar: „*Der Kayser ist ein großer Mann, bei jede Gelegenheit zeigt er sich
Gros und Menschlich, ich bedaure, nicht geborene Russe zu
seyn, um Ihn mein Kayser nennen zu können, sein Bild habe
[ich], und ist mir sehr lieb, jeden Morgen den Ausgezeichne-
ten Mann zu sehen.*"[45]

Wichtig ist es aber auch zu wissen, dass alle Briefe aus
Russland der Zensur unterlagen. Somit darf man die
Äußerungen über den Kaiser nicht überbewerten, sie
mögen von Maximilians Seite nicht immer aufrichtig
gewesen sein.

Mit Sicherheit machte Salomon Heine über die
Stieglitz-Bank sehr gute Geschäfte mit Russland, be-
sonders mit Staatsanleihen, die bis zu sechs Prozent an
Zinsen abwarfen. Doch auch die Berichte, die von
Stieglitz kamen, einem vom Zaren Begünstigten, waren

---

45 Ebd.

von der Zensur betroffen. Da war es schwierig, ehrliche Beurteilungen über das Land zu erhalten. Selbst Heinrich Heine war zunächst über Russland schlecht informiert und zeigte wenig Interesse an russischer Literatur.[46]

Zeitweilig war Heinrich aber sogar ein Russland-Schwärmer, beflügelt durch die Berichte seines Bruders. *Nicolas, der Ritter von Europa,* jubelte er – und das, obwohl er von den Dekabristen-Aufständen hätte wissen müssen.[47] Jene Aufständischen vertraten sogar gemäßigtere politische Ansichten als Heinrich. Allerdings soll sein Russlandbild, wie bei vielen anderen, von den zeittypischen Klischees geprägt gewesen sein.

Der Journalist Nicolai Gretsch, der Salomon Heine in Hamburg besuchte, fand bei Heinrich in Paris aber keine offenen Türen mehr vor, obwohl Max jenen Gretsch in den höchsten Tönen lobte; doch dieser stand im Dienste der russischen Regierung und galt als bestechlich. *„Bey mir wär er schlecht angelaufen, wenn er mit dergleichen Offerten gekommen wäre",* verkündete Heinrich.[48] Von seinem Bruder ließ sich Heinrich weniger leicht beeinflussen, er verschmähte Gretsch.[49]

---

46 Vgl. Steckmest, 2017, S. 154-158.
47 Die Dekabristen waren adelige Revolutionäre, meist Offiziere der russischen Armee, die sich gegen das Zarenregime stellten.
48 HSA XXI, 223.
49 Nicolai Iwanowitsch Gretsch (1787-1867), Briefe über Hamburg, 1992. Darin der Besuch von Gretsch bei Salomon Heine, S. 80-82 und S. 128-130.

Nach Max' Rückkehr 1834 nach St. Petersburg, möglicherweise per Schiff von Travemünde aus,[50] arbeitete er zuerst für zwei bis drei Jahre im Kinderkrankenhaus Nikolaev, das gerade eröffnet worden war, anschließend als Arzt im Verkehrsministerium.[51]

Als Abraham Mendelssohn Bartholdy Maximilian in St. Petersburg besuchte, nachdem er sich zuvor mit dem Bankier Stieglitz getroffen hatte,[52] sagte er Folgendes: *„Sie haben gut gethan, daß Sie nach Rußland gegangen sind. Sie haben sich hier einen eigenen Namen erworben. In Deutschland wären Sie, bei allen Ihren eigenen Verdiensten, immer nur der Neffe von Salomon Heine oder der Bruder von Heinrich Heine geblieben."*[53]

In verschlüsselter Form teilte Max 1836 seinem Bruder in Paris mit, dass er in politischer Hinsicht Angst bekommen habe und nun niedergedrückt sei. Er tat so, als habe ein Freund nach einer Möglichkeit gefragt, in Paris eine Praxis eröffnen zu wollen, da die Luft so gefährlich geworden sei und das Klima ihn niederdrücken würde. *„Was ich Dir schreibe ist und muß Geheimniß bleiben. Ich lebe in einem f r e i e n Lande, und doch ist mir sehr beklommen. Die Blitze des Bundestages haben mich mitbetroffen."*[54]

---

50 Die Schiffslinie Travemünde–St. Petersburg hatte Baron von Stieglitz einrichten lassen.
51 Siehe Müller-Dietz, 1987, S. 150.
52 Abraham Mendelssohns Ehefrau war mit dem Baron Stieglitz und auch mit seiner Ehefrau verwandt. Ebenso die Heines. Abraham war der Vater von Felix Mendelssohn Bartholdy.
53 Maximilian Heine, 1868, S. 245.
54 HSA XXIV, 394.

Doch beruhigte sich wohl die Situation für ihn, so dass er in Russland blieb, aber ein Jahr darauf schon wieder nach Hamburg reiste.

Mitte Juni 1837 war Max dort angekommen. Er schreibt von Hamburg aus an Heinrich: *Jetzt kannst Du unbeschadet des russischen Adlers mir alles schreiben. Ein Gleiches soll in Antworten stattfinden.*" [55] Im September reiste er weiter nach Prag, wo er einen weiteren Orden erhielt. Salomon schreibt ihm am 1. September:

„S. wohlgeb. Herrn Doctor Max von Heine, von wegen Orden des Russischen Kayser, Da der Becker trotz allen, kein Brod ohne Geld nicht gibt, nur reines Wasser, wo es zu finden ist das einzige ganz umsonst ist, da der Eilwagen ohne Zahlung, keinen Menschen ohne Geld mit nimt, da kein Wirth in Prag ohne Geld keinen Zimmer einräumt, Dinge die im Leben im Fall man Reisen will nothig sind, erlaube ich mir, in Fall Sie es mir nicht ubel denken, ein kleines Stück Papier hineinzulegen, Die Unterschrift wird respectirt, solche Kraft hatt ein Stück Papier, zur Zeit, herzliche glückliche Reise." [56] Den Satz mit dem Bäcker, der ohne Geld kein Brot gibt, hatte Salomon auch schon an seinen Neffen Heinrich geschrieben. Wenig später ließ Salomon seinem Neffen Max über einen Wechsel von Stieglitz einiges an Geld zukommen, ärgerte sich aber, dass Max von dem Geld gleich so viel verbrauchte.

Am 19. September berichtet Salomon: *„Zwey Brief habe erhalten, aus Braunschweig u Prag, Hast gut gegessen, ge-*

---

55   HSA XXV, 56.
56   Brief im Heine-Institut.

trunken, gutes Wetter, Geld in der Tasch, Ordens an, gesund, was will der Mensch mehr, ja wohl Prag ist eine schene Stadt. "[57]

Aus Hamburg meinte Max 1837, es wäre doch schön, wenn Heinrich, Charlotte, die Mutter und sogar Campe und er sich alle zusammen auf der Insel Helgoland treffen könnten, Helgoland sei englischer Boden! Da könnte man alles in Ruhe bereden. Doch daraus wurde nichts. Heinrich antworte ihm, er stecke in heilloser Arbeit und so ein kurzes Wiedersehen mit allen hielte er, falls man sich dann nicht wiedersehen würde, für zu schmerzvoll.

Heinrich verbrachte dagegen einige Zeit im Seebad Le Havre, wo es ihm aber wegen anhaltender Migräne nicht gut ging. *„Wie es mir im Alter ergehen wird? Ehrlich gesagt, ich wage nicht daran zu denken! Ich werde wahrscheinlich die Zahl jener edelsten und größten Männer Deutschlands vermehren, die mit gebrochenem Herzen und zerrissenen Rock ins Grab steigen.* "[58]

In einem Abschiedsbrief aus der Hansestadt vom 27. Oktober schreibt Max: *„Mein Herzensbruder.[…] Meine Liebe zu Dir, die so unbegrenzt ist, läßt mich nicht reisen, ohne Dir ein liebes Abschiedswort zuzurufen".* [59] Allerdings wollte er Heinrichs Brief an Onkel Salomon nicht weiterreichen, der richtige Moment der Versöhnung sei noch nicht gekommen. *„Ich war hier drei Monate lang erster Günstling bei Hofe, habe nichts für mich zu erstreben gesucht, und nur für Andre zu wirken versucht.*

57   Ebd.
58   HSA XXI, 226.
59   HSA XXV, 94.

Ich glaube nicht vergebens gehandelt zu haben. Die Zeit wird's aufklären. Alles läßt sich nicht auf Papier sagen."[60]

Salomon Heines Ehefrau Betty war im Januar 1837 gestorben. Den Beileidsbrief von Heinrich hatte Salomons Sohn Carl Heine zurückbehalten, was den Onkel sichtbar verärgert hatte. Allerdings machte er Heinrich dafür verantwortlich. Nun hielt Max wieder einen Versöhnungsbrief von Heinrich an den Onkel zurück. Verständlicherweise belastete das die Kommunikation zwischen dem Dichter und dem Onkel weiterhin.

1841 bat Max um die Versetzung an das Lazarett der Petersburger Bau-Lehranstalt, was ihm gestattet wurde, und später war er im Medizinalressort des Kriegsministeriums tätig, von wo aus er seinen Abschied nahm.[61] Durch seine erworbenen Rangklassen erhielt Max automatisch den persönlichen Adel und nannte sich fortan von Heine.

Nun war sein Verdienst in allen seinen Stellungen nicht sehr hoch, deshalb kann man davon ausgehen, dass er neben seiner Schriftstellerei auch Geld mit einer eigenen Praxis verdienen musste. Durch die Cholera, die 1847–1849 und 1853 auch wieder in St. Petersburg grassierte, hatte er viele Patienten zu behandeln. Er selber nahm keinen Schaden.

Im September 1848 schickte Max seinem kranken Bruder Geld in Form eines Wechsels nach Paris, denn

---

60 Ebd.
61 Siehe Müller-Dietz, 1987, S. 155.

Heinrich befand sich gerade in *Geldverwicklungen.* Er antwortet: *„Von Dank kann zwischen uns beiden nicht die Rede seyn, schlimmsten Falles wird es Dir zur höchsten Befriedigung gereichen Alles was zu thun war, für mich gethan zu haben. Dein eigenes Herz wird Dir Kapital nebst Zinsen zurückzahlen.*"[62] Seine Krankheit war mit Krämpfen in den Händen, was eigenhändiges Schreiben kaum noch möglich machte, und in anderen Gliedmaßen verstärkt zu spüren. Ein Auge ließ sich kaum öffnen. Darum heißt es am Ende des Briefes: *„Wie oft in der Nacht rufe ich Deinen Namen und meine Frau, die über mir schläft, erzählt des Morgens, daß ich wieder so sehr nach Max gejammert. Du bist in der That mein einziger Freund in dieser Welt und Deine Liebe, Deine thätliche Liebe, gewährt mir den süßesten Trost.*"[63] Etwas später heißt es*: „Liebster Max! Du hast keinen Begriff davon, wie viel ich gelitten habe und wie viel ich in diesem Leiden Charakterstärke, schauerlichstarke Charakterstärke an den Tag gelegt habe. […] Wie weine ich oft nach Dir, wie blutet mir das Herz, daß ich Dich meinen einzigen Freund nicht hier habe in dieser schrecklichen Zeit. Ich bin ganz allein, ich lebe in einer schauerlichen Einsamkeit, obgleich ich mitten in Paris, dem Tummelplatz aller Leidenschaften. Leb wohl, ich liebe Dich unaussprechlich. Dein getreuer Bruder."*"[64]

1849 wurde Max zum Hofrat ernannt. Einen weiteren Aufstieg zum Staatsrat erlangte er aber nicht, auch wenn es später in allen Todesanzeigen zu lesen war.[65] 1852

---

62 HSA XXII, 291.
63 Ebd. S. 292.
64 HSA XXII 301.
65 Vgl. Müller-Dietz, 1987, S. 138.

wurde er u.a. korrespondierendes Mitglied der Kaiser-
lich-Königlichen Gesellschaft der Ärzte in Wien.

„Mein inniggeliebter Bruder Heinrich", beginnt ein Brief
von Max im Juni 1852, als er sich in Hamburg aufhielt.
*„Da sitze ich nach 16 Jahren in Hamburg bei dem, was mir
das Theuerste und Heiligste auf Erden ist. Noch einige Wochen, und ich bin auch bei Dir!"*[66]

Diesmal hatte Max die Reise von St. Petersburg aus mit
dem Schiff nach Rostock gemacht, die nur eine Woche
dauerte, und von dort die Eisenbahn genommen.

Heinrich und seine Frau Mathilde freuten sich sehr über
den angekündigten Besuch von Max in Paris und wollten sich um eine ansprechende Unterkunft bemühen.
*„Meine Frau spricht mir Tag und Nacht von Dir und be-
drängt mich unaufhörlich mit Fragen über Dein Aussehen;
vergebens sage ich ihr, daß ich nicht genau mehr wisse, wie
Du aussähest; habest in Deiner Kindheit ein Stumpfnäschen
gehabt, nachher habe sich die Nase kaiserlich russisch verlän-
gert. Übrigens seyst Du von jeher ein sehr ordentlicher
Mensch gewesen und das Inventarum Deiner Eisengeräthe
habe mit einem hölzernen Hammer angefangen. […]- Mag
sich aber, lieber Max, Dein Gesicht verändert haben, Dein
Herz ist dasselbe geblieben, und ich kenne es durch und
durch."*[67]

Im Sommer jenes Jahres reiste Max zu seinem kranken
Bruder. Schwester Charlotte hatte ihn bereits angekün-

---

66   HSA XXVII, 53.
67   HSA XXIII, 213–214.

digt: *„Bald wirst Du Dein Mäxchen sehn, wie wirst Du Dich aber wundern, wie der Hühnergeschissen breit geworden ist.“*[68]

Heinrich, der diesen Bruder mit dem großen Schnurrbart sehr liebte, obwohl er ihn einen eitlen Geck nannte und ihm nicht immer traute, freute sich dennoch, ihn wiederzusehen. Allerdings verlief die Begegnung enttäuschend, jedenfalls aus der Sicht von Heinrich. An Gustav schreibt er: *„Meines Bruders Max Anwesenheit in Paris hat mich nicht sehr gefördert; er hat mir viel erzählt von seiner Größe, aber angehört hat er mich keine zwei Minuten, und er ist abgereist, ohne daß ich ihm etwas sagen konnte […]….und ich sah im Grunde nur eine matte Seele, die sich allerlei edle Gefühle anempfunden, und doch vor Egoismus stinkt.[…] Er ist und bleibt nichts anders als Max Hühnergeschissen.“*[69]

Max dagegen berichtete von dem Treffen: *„Mit großem Interesse hörte er meine Schilderungen des gastlichen Landes an, dem ich mich mit so vieler Liebe angeschlossen habe. Mit brüderlicher Freude hörte er alle Einzelheiten aus meinem Privatleben, wie das soziale, gesellige, philisterlose Petersburg mir so unendlich lieb geworden und wie ich daselbst bereits so manches Dezenium in gesunder Heiterkeit zugebracht habe. Er erkundigte sich besonders nach unserem Winterleben, und da gab es gar vielen Stoff von den großen Bällen, Soireen, Pikeniks, Maskenbällen, Theatern und dergleichen zu erzählen.“*[70]

---

68 Max' Spitzname aus der Kinderzeit in Düsseldorf. HSA XXVII, 56.
69 HSA XXIII, 250–251.
70 Siehe Houben, 1926, S.855.

Von seinem Aufenthalt in Hamburg berichtete Max später in der „Medicinischen Zeitung Russlands" im Dezember 1852. Als interessierter Arzt hatte er den Krankenhäusern Hamburgs einen Besuch abgestattet. Das Allgemeine Krankenhaus in St. Georg, erbaut 1823, sei völlig überbelegt, wie Max feststellte. In den Sälen lagen je 12 bis 30 Kranke. Ansonsten war er aber mit der Versorgung der Kranken und mit der Ausstattung der Apotheke zufrieden. Auch den Operationssaal fand er zweckmäßig konstruiert. Doch mit Schrecken dachte er bei der Überbelegung an Ausbrüche von Krankheiten wie Typhus und Cholera. Die Bettwäsche sei nicht die reinlichste und Bettgestelle aus Holz hielt er für ungeeignet. Dazu trügen die Patienten eigene Kleider! Die *Irren-Abteilung* im Hause fand er ganz schrecklich und im Souterrain elendig deplatziert.

Das Betty-Heine-Krankenhaus, gestiftet von seinem Onkel Salomon zum Andenken an seine verstorbene Frau, erhielt gute Noten. Es war solide gebaut mit hübschen Gartenanlagen und mit allem *Comfort* eingerichtet. Allerdings fanden sich auch hier hölzerne Bettgestelle und weitere Mängel. Der Arzt Dr. Heilbut sei aber von seiner Unfehlbarkeit im Heine-Krankenhaus überzeugt. Dieser schwärmte von den Waterklosets und Waschapparaten, die es sicherlich in St. Petersburg noch nicht gäbe. Doch hier irrte der Hamburger, denn das gab es bereits alles in der weit entfernten russischen Stadt. Mit der medizinischen Literatur sei es in Hamburg

schlecht bestellt, dabei sei die Stadt reich an Wohltätig-
keitsanstalten, bemerkte Maximilian.[71]

Nachdem er die ersten Jahre in St. Petersburg in einer
bei vielen Deutschen beliebten Straße gewohnt hatte,
ließ er sich 1860 gegenüber der Wosnessenski-Kirche
nieder. In jenem Jahr wurde er auch vom Zaren Alexander II. für „ausgezeichnete eifrige Dienste" mit dem
Stanislav-Orden zweiter Klasse ausgezeichnet.[72]

Und nun erst, 1860, heiratete Max in der St.-Annen-
Kirche in St. Petersburg die Witwe Henriette von
Arendt geborene Shillingworth. Ihr verstorbener Ehemann Nicolaus Martin von Arendt (1785–1859) war der
Leibarzt des kaiserlichen Hofes gewesen. Er war einer
der bekanntesten Feldchirurgen, genannt „der Opera-
tionskünstler Europas", und war Mitbegründer des Kin-
derkrankenhauses, in dem Max gearbeitet hatte. Er war
Staatsrat, Geheimrat und hatte dreißig Auszeichnungen
erhalten. Außerdem war er 1837 der Arzt gewesen, der
den im Duell tödlich verwundeten Puschkin bis zuletzt
betreut und an seinem Sterbebett gestanden hatte.[73]
Max wird ihn sehr gut gekannt haben. Die vier Kinder

---

71 „Medicinische Zeitung Russlands", redigirt und heraus-
    gegeben von den DDrr. M Heine, R. Krebel und H. Thiel-
    mann, Nr. 51, Dez. 1852. Für die Übersendung des Textes
    bedanke ich mich bei Dr. med. Harro Jenss.
72 Auch Alexander II. war kein Freund der Juden. Er
    beschimpfte sie als *Verseucher des slawischen Geistes.*" Pogrome
    wurden bei ihm zur Staatspolitik. Nach 1882 folgten die
    großen Ausreisewellen.
73 Siehe Christian Liedtke: „Düsseldorf-Moskau, Städte der
    Künste in der ersten Hälfte des 19. Jahrhunderts", im
    Heine-Jahrbuch 2014, S. 346.

aus dieser Ehe waren erst zwischen vier und neun Jahren alt. Die Ehe von Max und Henriette blieb kinderlos.

Fünf Jahre nach der Vermählung ging Max vorzeitig in Pension, womit er nur noch eine bescheidene Rente von 317,25 Rubeln erhielt. Schon eine kleine Wohnung am Stadtrand kostete 500 bis 600 Rubel. Glücklicherweise hatte Henriette beachtliches Geld mit in die Ehe gebracht, so dass sie sich nun viele ausgedehnte Reisen leisten konnten.[74] Nachdem Max den Staatsdienst verlassen hatte, bekannte er, es mit seiner Liebe zu Russland übertrieben zu haben, der Zensur wegen. Als *„beorderter Edelmann"*, so Cousin Carl, hätte er zuvor nicht gewagt, sich negativ über seine zweite Heimat zu äußern.

Da Maximilian wohl eitel bis zum Größenwahn war, wollte er sich schon jetzt mit seinem selbst verfassten Nachruf ein Denkmal setzen. Dort heißt es, er sei ein in ärztlichen, literarischen und sozialen Kreisen der Residenz viel bekannter Mann und komme aus einer wohlhabenden Familie, in der es mehrere Millionäre gäbe. *„An Anerkennungen und Auszeichnungen von Seiten des Staates und der öffentlichen gelehrten Welt hat es nicht gefehlt; mehr als dreißig Diplome beurkunden die ihm von Universitäten, Akademien und gelehrten Corporationen erwiesenen Ehrenbezeugungen. […] begabt mit einem kritischen Verstande, epigrammatischem Witze, der mehr erheiterte als verletzte, gehörte der Verstorbene zu den glücklichen Naturen, die die rauhen Seiten des Lebens wenig erfahren haben: sein heiterer Humor, unterstützt durch irdi-*

---

74 Siehe Müller-Dietz, 1987, S. 155.

sche Glücksgüter führte ihn mehr der epicureischen Schule zu,
ohne daß jedoch sein zu Wohlthaten geneigtes Herz egoistisch
bewegt worden wäre."[75]

Von späteren sowjetischen Autoren wurde Max gar als
ein Erzreaktionär und Agent des zaristischen Geheim-
dienstes bezeichnet.[76] Und von den angeblichen fünfzig
Jahren im Militärdienst, wie es in seinem eigens formu-
lierten Nachruf hieß, sind nur dreiundzwanzig Jahre
nachweisbar. Seine letzten Lebensjahre verbrachte der
angebliche Lieblingsneffe seines Onkels Salomon in
Berlin – vermutlich ohne seine Frau. *„Während der Aus-
stellung in Paris 1867 war Max mein ständiger Begleiter",*
berichtete die Tochter von Charlotte, seine Nichte Maria Principessa della Rocca. *„Stundenlang saßen wir zusammen im Hotel de Bade, er wußte so interessant zu erzählen, daß ich oft die Zeit vergaß und wir uns erst nach
Mitternacht trennten."*[77] Max bemerkte rückblickend,
dass sein Bruder Heinrich, der 1856 in Paris verstorben
war, in seiner Jugend einen großen Einfluss auf ihn gehabt habe, ihm gute Bücher zum Lesen gegeben und
seine Studien begleitet habe. *„Wenn ich nur nicht sterbe,
ehe ich meine Memoiren beendet habe,"* meinte Max, *„denn
sorgfältig habe ich alle Briefe meines Bruders aufbewahrt,
die den ersten Platz in meinem Buche einnehmen werden."*[78] Er notierte sich alles über Heinrich und besuchte auch Heinrichs Witwe in Paris, die sich aber keinerlei
Aufzeichnungen ihres Mannes entlocken ließ.

---

75   Ebd. S.136–137.
76   Ebd. S. 156.
77   Zitiert nach della Rocca: 1881, S. 14.
78   Maximilians Memoiren blieben zu seinen Lebzeiten unver-
öffentlicht. Gustav Karpeles publizierte sie 1889 in Auszügen.

Ob Max bis zuletzt mit seiner Frau zusammenlebte und was aus seinen Stiefkindern wurde, ist leider nicht bekannt. Aber sein Erinnerungsbuch vollendete er noch: Die „Erinnerungen an Heinrich Heine und seine Familie" erschienen 1868 in Berlin. Als Widmung stand darin: *„Der so warmen Verehrerin des Dichters, meiner innigstgeliebten Frau, Henriette von Heine sind diese Blätter in treuester Gesinnung gewidmet."*

Maria della Rocca berichtete weiter: *„Niemand hatte eine Ahnung von dem nahen Tode meines Onkels als er krank in Berlin darniederlag und niemand konnte Zutritt zu ihm erlangen, nicht einmal meine Schwester* [Henriette Hirsch], *die in der selben Stadt wohnt.*
Nur Gustav Heine, von seinem Schwiegersohne Graf Zizzo de Noris begleitet, eilte von Wien an's Krankenbett des Bruders. Meine Mutter und mein Bruder erhielten die Anzeige seines Todes erst nach zwei Tagen und meine Mutter war lange krank, so tief betrübte sie diese Trauernachricht.
Max Heine starb an einer Herzlähmung den 6. November 1879 an seinem Geburtstage um 2 ½ Uhr nachts und blieb bis zum letzten Augenblick bei völliger Besinnung."[79]

Maximilians Geschichte zur orientalischen Pest fand die meiste Beachtung in medizinischen Fachkreisen und große Bedeutung errang ebenfalls die „Medizinische Zeitung Russlands", die er mit zwei Kollegen in der Zeit von 1844-1860 herausgebracht hatte. Als Arzt in Russland hatte Maximilian Heine große Anerkennung erlangt.

---

79   Ebd. S. 16.

Gustav Heine (um 1803–1886)
als junger Mann beim Militär in Wien

Gustav, „der Ölhändler"

Gustav, der beim Militär in Wien behauptete, in Hamburg geboren zu sein, hat später viele Geschichten in seinem Sinne umgeschrieben. Selber bezeichnete er sich schon mal passend als „Schriftstehler", denn mit der Wahrheit nahm er es nicht so genau, Hauptsache, er hatte eine schöne *story*. Damit wurde er erfolgreich, hoch angesehen und sogar sehr reich.

Dieser jüngere Bruder Heinrichs, jener Gustav, mit jüdischem Vornamen Gottschalk, geboren um 1803,[1] machte nach seinem Schulbesuch in Düsseldorf, Oldesloe und Lüneburg eine Ausbildung zum Landwirt. Sein älterer Bruder schreibt dazu im September 1823 an seinen Freund Moses Moser: *„Mein Bruder* [Gustav], *welcher mehrere Jahre die Landwirthschaft praktisch erlernt hat, u einem Inspektordienst vorstehen kann, hat jetzt keine Stelle. Theils läge die Schuld, sagt er, in dem Umstande daß er beschnitten sey, theils in dem Umstande daß jetzt alle Landwirthe en ambarras sind u ihre Leute abschaffen; am meisten sey ihm aber der Jude im Wege, wenn er eine Stelle nachsucht. Da ich von Berlin her weiß daß* [Israel] *Jacobsohn Güter im Mecklenburgischen hat, so glaube ich es ist möglich daß meine*

---

1   In dem Hamburger Antrag für einen Reisepass von 1851, um nach Paris zu reisen, hat Gustav sein Alter mit 48 Jahren angegeben. StAHbg, 332-8 -Passwesen, A 24, Bd. 3, Nr. 1707.

Bruder, der die allerbescheidensten Ansprüche macht, bey die-
sen Gütern auf irgend eine Weise beschäftigt werden kann,
wenn man sich in Berlin bei Jacobsohn selbst für ihn ver-
wendet. Sehe daher zu, lieber Moser, daß dieses, durch Dich
und durch jemand Anders, geschehe, u schreibe mir darüber so
bald als möglich. Ueberhaupt wenn Du einen Andern Aus-
weg für meinen Bruder weißt theile mir ihn mit. Der arme
Junge ist wirklich in Verlegenheit, u ist ein so guter Mensch
daß ich mich für ihn verwenden würde, wenn er auch mein
Bruder nicht wäre.[2]

Jacobson, ein reicher Bankier aus Seesen, war in Berlin
ein bekannter Mann, da er sich für die jüdische Frei-
schule und die Tempelbewegung eingesetzt und diese
mitbegründet hatte. Güter im Mecklenburgischen besa-
ßen einige wenige Juden. In Schleswig-Holstein unter
dänischer Regierung gab es ebenfalls einige jüdische
Grundbesitzer.

Studiert hatte Gustav nach einer kurzen praktischen
Episode in der Landwirtschaft in Halle und Göttingen
wieder mittels finanzieller Unterstützung von Onkel
Salomon. Doch mit der Anstellung in Mecklenburg und
Pommern klappte es nicht, trotz Hilfe von Bruder Harry
und von verschiedenen anderen Seiten. Im dänischen
Holstein fand Gustav dann eine Möglichkeit seinen Beruf auszuüben. Onkel Salomon hatte ihm 10.000 Taler
anvertraut, als Gustav nach Holstein zog, die er angeblich durch Kornhandel verdoppelt haben soll.[3] Sein folgender Handel in Hamburg hatte mit Butter und Ölen

2   HSA XX, 116.
3   Carl Cassau, Heinrich Heine in Lüneburg, In Nordwest. 8.
     Bremen 18885, Nr. 33/34, S. 262-264; 278-280. Hier: S. 264.

zu tun, man nannte das einen Fettwarenhandel. Vermutlich gehörten auch Raps- und Kernöl dazu. Jedenfalls nannte die Familie ihn „Ölhändler", machte sich gerne über ihn lustig und spottete, er verdiene sich die „letzte Ölung".

Bereits nach der Hochzeit seiner Schwester Charlotte 1823 war Gustav nach Hamburg zurückgekehrt. Hier gründete er angeblich diese ominöse Öl-Firma, die allerdings nicht im Adressbuch zu finden ist.[4] Eine andere Firma unter dem Namen Gustav Heine ist dafür in der jüdischen Gemeinde und im Adressbuch verzeichnet; hier handelt es sich aber um seinen Cousin 3. Grades mit Namen Gustav Moses Heine. Der besaß ein Commissions- und Speditionsgeschäft, das er später mit seinem Bruder Adolph Moses Heine weiterführte.

Gustavs kaufmännische Erfolge waren dagegen genauso wenig ruhmreich wie die seines Vaters und seines Bruders Heinrich. Bereits im Sommer 1829 soll seine Firma liquidiert worden sein. Steuern an die jüdische Gemeinde hat er aber nie gezahlt, vielleicht mangels Einnahmen oder weil sich sein Handel außerhalb Hamburgs, vor dem Dammtor, befand.

Maximilian schreibt über Gustav in seinen Erinnerungen, als würde es sich um eine fremde Person handeln und ihm diese Geschichte peinlich sein: *„Zu den Bekannten Heine's gehörte auch ein junger Kaufmann, der vielerlei Geschäfte angefangen hatte und doch nie auf einen*

---

4   Vgl: Joseph A. Kruse, S. 63. Wenn sein Geschäft außerhalb der Stadtgrenze lag, ist es im Adressbuch nicht verzeichnet.

grünen Zweig kommen konnte. Endlich gerieth dieser Kauf-
mann auf die Idee einen ‚Oelhandel' zu beginnen, nachdem
so viele seiner commerziellen Unternehmungen bereits miß-
glückt waren. […]
Der junge Kaufmann wurde auch in diesem seinem letzte
Geschäfte banquerott […]. *Derselbe ist jetzt angesehen und*
reich, hat aber von seinem letzten Geschäftszweige her einen
solchen Widerwillen gegen das Oel behalten, daß er bis jetzt,
wie man sagt, selbst den Salat ohne Oel ißt."[5]

Erst in Wien begann Gustavs Aufstieg, nachdem er
Hamburg 1830 verlassen hatte und in den Süden gezogen war. Im folgenden Jahr trat er in das Dragoner-Re-
giment des Grafen Kinsky ein und brachte es bis zum
Rang des Oberleutnants.

Bereits als der junge Gustav in Wien in die österreichische Armee eintrat, nannte er sich Baron van Gel-
dern-Heine, eine Chuzpe; denn tatsächlich wurde ihm
dieser Titel erst 1870 verliehen. Die vorgesetzte Behörde
des jungen Oberleutnants beim Cheveau-légers-Regi-
ment Warnhardt Nr. 3 stellte 1837 den Baron-Titel in
Frage. Sie schrieb an Senator Dr. Karl Sieveking, ob die
Hamburger helfen könnten, den Titel des Freiherrn zu
erklären, da der Oberleutnant der Aufforderung nur Ge-
nüge leisten könne, wenn er Urlaub bekäme, um nach
Hamburg zu reisen, wo er, wie behauptet, 1808 geboren
sei. Ein Urlaub war aber unter den gegebenen Umständen nicht möglich, darum *die K K oberste Militärbehörde*
den Wunsch ausdrückte über die Zuständigkeit des gebrauch-
ten Adels bei der Regierung der freien Landes und Hanse-

---

5   Maximilian Heine, 1868, S. 66.

stadt Hamburg im diplomatischen Wege die möglichst ge-
nauesten Erkundigungen einzuziehen.[6]

Heinrich Heines jüngster Bruder Maximilian machte
dazu in einem Brief an Bruder Heinrich eine kurze Bemerkung: „*Gustav steht und lügt in Siebenborgen*", was
heißen soll, Gustav war mit der Armee gerade in Sie-
benbürgen und die Anfrage zum Adelstitel sowie die fal-
sche Behauptung, er sei 1808 in Hamburg geboren, hatte Max bereits vernommen.[7]

Nun wurde amtlicherseits Gustavs Mutter, die als Witwe seit 1828 in Hamburg am Neuen Wall lebte, zu diesem Thema befragt. Diese Dame, intelligent und gewitzt,
wusste sich elegant aus der Affäre zu winden. „*Meine Familie führt den Namen van Geldern schon seit mehr als hundert Jahren und ist ihr das Prädicat van somit dem Adels-
stande durch den Kurfürsten von der Pfalz, in dessen
Staaten meine Familie lebte, verliehen worden. Der letzte
des Stammes wiederum, vor längeren Jahren mein einst zu
Düsseldorf verstorbener Bruder, welcher, um den Namen zu
erhalten, meinem Sohn Gustav, jetzt Leutnant im königlich
österreichischen Regiment, unter der Bedingung, daß er den
Namen fortführen, adoptierte.*"[8] Da aber ihre Wohnung
am Neuen Wall 1833 völlig ausgebrannt war (sie zog danach einige Häuser weiter), sei sie nicht in der Lage,
auch nur ein Beweisstück zu liefern, da alles an Papieren
verbrannt sei!

---

6   StAHbg, 111-1 Senat, 2915, Dezember 1837.

7   HSA XXV, 113.

8   Siehe Anm. Nr. 128..

Vermerkt wurde noch süffisant von dem Beamten, dass Gustav der Bruder des bekannten Dichters Heinrich Heines sei und dazu der Neffe des Bankiers Salomon Heine in Hamburg.[9]

Das Schwindeln und Vortäuschen von mehr Bedeutung, als tatsächlich vorhanden, war aber nicht nur Gustav zu eigen, auch Maximilian schreckte vor Fälschung nicht zurück. Bezeichnend ist beider Vornehmtuerei. Behauptet wurde aber auch, dass die meisten der Offiziere in der österreichischen Armee sich ihre Posten erkauft hätten.[10]

Peiras Urgroßvater, der erwähnte Simon Michel Preßburg (1656–1716/9) in Wien, besaß allerdings ein Wappen; ein Petschaft mit Wappen für Siegelabdrucke. Das war sehr ungewöhnlich, denn nur selten wurde an Juden ein Wappen verliehen. Die Frage, ob es tatsächlich ein verliehenes Wappen oder ein erfundenes war, kann wohl mit *es war tatsächlich echt* beantwortet werden.[11] Der abgebildete Kranz galt als sichtbares Zeichen der Anerkennung und Belohnung der um das Herrscherhaus erworbenen Verdienste.[12] Das war Peira vielleicht in Erinnerung, als sie das van als Adelstitel so engagiert vertrat.

---

9   Vgl. Steckmest, 2017, S. 200–202.
10 Siehe Ernst Elster: Beiträge zu Heine's Biographie. Auf Grund ungedruckter Briefe des Dichters. In: Deutsche Rundschau 4. 1897, S. 50–51.
11 Erhalten ist ein Brief mit Siegel und Wappen: im Coburg-Koháry'schen Familienarchiv in Bratislava. Nr. 13873.
12 Judaica, Zeitschrift für Geschichte, Literatur, Kunst und Bibliographie, IV. Jahrgang, November-Dezember, 1934, S. 1–2

Möglicherweise hatte dieser hohe Rang mit seinem er-
wähnten angeblichen Baron-Titel zu tun, denn gerade
Adlige wurden beim Militär ge- und befördert. Gustav
soll sich allerdings auch durch tadelloses Benehmen
hervorgetan haben. Walter Wadepuhl schreibt, Gustav
habe sich, vermutlich aber viele Jahre später, an vier
deutschen Universitäten, Heidelberg, Göttingen, Jena
und Tübingen, erfolglos um den Titel eines Ehrendok-
tors beworben.[13]

„Ich gratuliere Dir zu Deiner Verlobung", schreibt Heinrich an Gustav, *„Offizier in kaiserl. oesterr. Diensten in
Wien"*, am 1. Februar 1846. *„Du willst also in den heiligen
Ehestand treten, ein Vergnügen, das ich jetzt schon seit einiger Zeit genieße. Möge der Himmel Dir immer die Kräfte
verleihen dieses Vergnügen mit Gelassenheit zu ertragen."*[14]

Im selben Jahr heiratete Gustav Emma Emilie Kaan von
Albest (1824–1859), eine Tochter des mächtigsten ungarischen Textil-Großhändlers, Samuel Kaan von Albest. Dieser besaß in Pest eine Wollgroßhandlung sowie
eine Wollsortierungsanstalt. Er hatte sich verdient gemacht, indem er die ungarische Schafwollindustrie we-
sentlich angekurbelt hatte, und war deshalb 1828 in den
Adelsstand erhoben worden. Die Kaans waren ursprünglich auch jüdischen Glaubens.

Die Ehe mit Emma war eine gute Partie, die Gustav sicherlich eine beachtliche Mitgift bescherte, so dass er
kapitalkräftig ins Verlagsgeschäft einsteigen konnte.

---

13 Vgl. Wadepuhl, 1977, S. 375.
14 HSA XXII, 185.

Die meisten jüdischen Zuwanderer in Wien kamen aus dem Osten, selten kam einer aus dem Norden. Das Wort Norden sollte daher das Pseudonym für den Namen Heine werden:

Am 1. Juli 1847 brachte Gustav erstmals das „Wiener Fremdenblatt" heraus. Im Impressum war bis Oktober 1850 der Name Gustav Norden zu finden.[15] Danach erscheint bis 1874 der Name Gustav Heine als Eigentümer, Herausgeber und Redakteur. Die Zeitung erschien täglich, ab 1866 sogar zweimal am Tag. Die Auflage lag schon 1852 bei 16.000 Stück. Verspottet wurde sie als *Schwester der Klatschliesel*. Täglich erschienen darin Mord-, Brand- und Vergiftungsgeschichten oder pikante Vorstadt-Anekdoten. Es könnte also ein Vorläufertyp der heutigen Bild-Zeitung gewesen sein, auch wenn die Aufmachung grundsolide war. Das Blatt stand der Regierung nahe, ab 1852 besonders dem Außenministerium. Die kaiserliche Familie hielt ihre schützende Hand über dieses Blatt und unterstützte Gustav wegen seiner patriotischen Äußerungen; „reichstreu" sollten er und das Blatt für immer bleiben. *„Unser Kaiser hat das beste Herz von allen seinen Unterthanen, dieses weiß man, daher auch die große Liebe"*, schreibt Gustav 1848 an Heinrich.[16] Er wolle sogar, falls nötig, den Säbel von der Wand nehmen und den Redakteur an den Nagel hängen, denn jenes Jahr war gezeichnet durch revolutionäre Aufstände in mehreren Ländern Europas. Auch in

---

15 Siehe Österreichisches Lexikon von 2003–2016. Wegen des Namens Norden wird von Gustav Heine als Inhaber erst ab 1852 gesprochen.

16 HSA XXVI, 218.

Wien kam es zu Aufständen, Bränden und der Flucht des Kaisers.

Die Revolution von 1848 war allerorts der Beginn der „Pressfreiheit", in Hamburg wie in Wien. Freiheit der öffentlichen politischen Meinungsäußerung hatte es bislang nicht gegeben. In Wien hieß es: „Vor den Märztagen waren die Banknoten das einzige Vernünftige, was in Oesterreich gedruckt wurde. Seit nach den Märztagen manches Vernünftige in Oesterreich gedruckt wird, haben auch die Banknoten viel von ihrem Credit verloren."[17]

Die Unruhen von 1848 hatten den Wiener Juden kaum Vorteile gebracht. Zuvor war es, wie auch in anderen Städten, zu Schikanen bei der Niederlassung gekommen; denn besonders arme Juden sollten dadurch abgehalten werden. Wien war jedoch für viele ein attraktives Ziel. Die Stadt versprach Aufstiegsmöglichkeiten, die in der Provinz nicht gegeben waren. Wurden Juden nicht toleriert, mussten sie pro Tag sogar ein Aufenthaltsgeld bezahlen. Die meisten Zuwanderer waren aber arm und erst ihre Nachkommen brachten es zu mehr Wohlstand. 1848 wurde nun versucht, die Interessen breiter Bevölkerungsschichten durchzusetzen. Für die Habsburger Monarchie war das ein Novum, denn Demokratie war für sie ein Fremdwort. Schon seit der Revolution in Frankreich 1830, die Heinrich Heine veranlasste, nach Paris überzusiedeln, hatte es auch in Wien demokratische jüdische Bewegungen gegeben. Doch wer beruflich

---

17   Wiener Katzen-Musik (Chiarivari), Wien. Nr. 3, 15. Juni 1848, S. 12.

Erfolg haben wollte, für den war es günstiger, sich weiterhin der konservativen Richtung der Regierung anzuschließen, wie es Gustav tat. 1851 verschlechterte sich die Lage für Juden sogar wieder. Erst 1859, mit den Niederlagen Österreichs in Italien, war das Ende des Neoabsolutismus gekommen. Die staatsrechtliche Gleichstellung der Juden erfolgte bald darauf. 1867 wurde das erste Staatsgrundgesetz erlassen.[18]

Zwar dachte Heinrich in politischer Hinsicht diametral anders als Gustav, er blieb ihm aber als Bruder treu, wenn er ihn auch nicht so liebte wie seinen Bruder Max. *„Ich habe einen Bruder in Wien"*, berichtet Heinrich 1850 an Heinrich Laube, *„mit welchem ich keineswegs in Unfreundschaft stehe, wie jammerlicher Zeitungsklatsch behauptet; [...]. Wir stehen in keiner Verbindung außerhalb des Familienlebens, haben nie geistige Bezüge gehabt, und so erfahren wir wenig voneinander."*[19]

Kurz nach der Zeitungsgründung wurde Gustav außerdem Mit-Redakteur der Zeitschrift „Die Gegenwart". Hierfür erbat er von seinem Bruder in Paris Beiträge, damit Wien sich daran erfreuen könne.

Am Mittwoch, 21. Februar 1849 konnte man in Wien in einer Zeitung lesen: *„Was die Notizen von einem Bruder, Heinrich Heine's in Wien betreffen, so sind selbe unwahr, da*

---

18 Siehe Tina Walzer: Kulturzeitschrift David: Alles Millionäre und Hausierer! S. 1–12. In Hamburg erfolgte die völlige Gleichstellung 1860, und zuvor schon, 1849, konnten Hamburger Juden das Bürgerrecht erwerben.

19 HSA XXIII, 23.

Heine's einziger Bruder als hochgeschätzter Arzt in St. Petersburg lebt. "[20]

Dagegen berichtet das Fremdenblatt: *„Wir müssen die gutunterrichtete Wienerzeitschrift mit wenigen Worten eines Besseren belehren. Das Fremdenblatt, welches sich des Rufes der Wahrheit ihrer Notizen erfreut, muß wohl am besten wissen, ob Heinrich Heine noch einen in Wien lebenden Bruder habe oder nicht, da der Redakteur und Herausgeber des Fremdenblatts Gustav Norden mit seinem wahren Namen Gustav Heine heißt, und gerade der Bruder ist, welcher die Notiz über Heinrich Heine widersprochen hat.* "[21]

Charlotte, Gustavs Schwester, spottete gern: *„Gustavs Blatt geht außerordentlich gut, wir lachen uns krank, das alle die schorim* [Lügen] *die darin stehen, den andern Tag wiederrufen werden müssen; 3 Theile sind gestern darin wiederrufen, wir bekommen es Täglich. Die liebe Mutter sagt: Das is n Blatt! wa? Natürlich sage ich, amen.* "[22]

Als Gustav eines Tages nach Paris zu Besuch kam, las Heinrich ihm einige seiner Gedichte vor und Gustav meinte, sie würden gefallen. *„Gieb sie mir,"* sagt er, *„ich werde sie durch mein Blatt verbreiten."* Im ersten Moment war Heinrich verblüfft und entgegnete dann nicht ohne Spott: *„Ach, lieber Bruder, Du hast Recht, das ist eine gute Idee: da kann ich ja noch berühmt werden!"*[23]

---

20 Wienerzeitschrift vom 21.2.1849.
21 Das Fremdenblatt, Februar 1849.
22 HSA XXVII, 155.
23 Maximilian Heine, 1868, S. 86.

Die Mutter in Hamburg bedauerte scherzhaft, nicht noch mehr Söhne zu haben, denn dann bekäme sie noch mehr kostenlose Journale. Sie sei nicht nur die Mutter der Presse, sondern auch eine *gepreßte Mutter.*[24]

Von Heinrichs Seite stand nun viel über seine fortschreitende Krankheit in seinen Briefen, auch als er nicht selber, also nicht mehr *eigenpfötig*, schreiben konnte. Und er berichtete oft von seinen schlechten Finanzen; denn die Ausgaben für seine Krankheit stiegen nach der Revolution erheblich an: *„Derjenige, der nicht in Paris krank war,* [das] *kaum begreifen dürfte und es entging mir zu gleicher Zeit eben durch diese Krankheit die Möglichkeit jedes Erwerbs. Da Du nun ungefähr weißt, von welcher Art und Gemüthsweise die Personen sind, auf deren Großmuth ich angewiesen war, so begreifst Du auch, wie zu meinem körperlichen Leiden auch noch moralische hinzutreten mußten.* "[25] Hier spielt er auf den Ärger um das erhoffte Erbe und die nicht bestätigte Rente seines 1844 verstorbenen Onkels Salomon Heine an und auf den folgenden Streit mit dessen Sohn Carl und seiner französischen Ehefrau, der sich einige Jahre lang hinzog.

Als Heinrich seinem Bruder über Probleme mit seinem Verleger Campe berichtete, meinte Gustav: *„Was Campe anbetrifft, so glaube ich, daß er Dich immer betrogen hat, und auch ferner betrügen wird. Ich weiß nicht welchen Contrackt Du mit ihm hast, allein kann ich Dir helfen, so will ich selbst nach Hamburg reisen, um Deine Sachen mit ihm in Ordnung zu bringen. Mir soll der Fuchs nicht zu schlau*

---

24   Ebd.
25   HSA XXIII, 62.

seyn. Es wäre gut lieber Harry, wenn Du mir Dein ganzes Vertrauen schenktest, denn mir liegt Deine Existenz sehr am Herzen, und damit Du siehst, daß es mir wirklich ernst ist, so bin ich gern bereit Deine Finanzen etwas besser zu stellen. […] Wir haben beide sehr viel in diesem Leben durchgemacht. Wir haben Glück, Ehre Unglück und Kummer mit einander getragen. Wir haben zähneknirschend geduldet – Gottlob wir stehen fest und ehrenvoll da. […] Ich will Dir jährlich zur Bestreitung der Krankenkosten 1600 francs senden. Kannst Du aber damit nicht auskommen so sende ich auch recht gern 2000 francs. Neujahr sende ich Dir das erste Quartal, denn jetzt ist es mir unmöglich, weil man für 1 francs hier 2 francs zahlen muß. So ist das Silbergeld gestiegen. […] Was kann ich thun? Um Dir für Deine herrliche Werke Geld zu verschaffen. Soll ich Campe todt schlagen oder leben lassen, oder soll ich ihn, so lange quetschen, bis er Geld von sich gibt.“[26]

Das klingt sehr großzügig und ist gut gemeint, doch tatsächlich war es mehr Absicht als gute Tat. Heinrich bedankte sich für Gustavs Treue und Liebe und meint: „*Ich sehe mit Vergnügen aus Deinem Briefe, wie wohlthätig die Disciplin des langjährigen Militairdienstes, so wie auch die des Ehestandes u. gewissermaßen auch die des Journalismus, wohlthätig auf Dich gewirkt hat, wie Du gesetzter u. klarer geworden bist, u. wie unter der abgelegten Hanswurstjacke Dein Herz warm u. schön geblieben ist. […] Diese Schule* [Militär und Zeitungsschreiberei] *thut Dir gut, u. ich hege jetzt zu Dir das unbeschränkte Vertrauen.*“[27]

26   HSA XXVI, 270–271.
27   HSA XXIII, 70.

Sogar seine geschriebenen Werke wollte Heinrich nun in Gustavs getreue Hände legen. Auch seine Papiere sollten nach seinem Tod in Gustavs Besitz kommen. Und falls Heinrichs Gesamtausgabe bis zu seinem Tod noch nicht erschienen sei, solle Gustav das ebenfalls übernehmen. So viel Vertrauen war erstaunlich, denn eigentlich hätte er seinen Bruder besser einschätzen können, doch er hoffte und wünschte sich so sehr eine Vertrauensperson aus seiner engsten Familie. Warum er plötzlich in Gustav sein Vertrauen setzte, ist nicht klar, denn bislang hatte er Max mehr vertraut, aber Russland war weit und die Zensur dort streng. Heinrich schreibt weiter an Gustav: „*Testamentarisch werde ich dafür sorgen, daß alle meine Papiere nach meinem Ableben wohlversiegelt zu Deiner Disposition gestellt werden. Ich werde Dich ebenfalls durch mein Testament mit der Gesammtausgabe meiner Werke, im Fall dieselbe nicht bei meinen Lebzeiten erscheint, beauftragen u. betrauen so Du unbeschränkte Hand haben wirst u. wie ich selbst berechtigt sein wirst, gegen jede unberechtigte, eigenmächtige Handlung Campe's einzuschreiten.*" [28]

1851 heißt es in einem Schreiben von Gustav an seinen Bruder: „*Die Unpäßlichkeit meiner Frau, dann lag ich selbst einige Tage krank zu Bett, und endlich die Pränumerations Zeit zum neuen Jahr, wo ich im strengsten Sinne des Wortes Tag und Nacht beschäftigt bin sind Summa Sumarum die Ursache daß ich Deinen lieben Brief erst heute beantworte.* […] *In Betreff Hamburg sey unbesorgt. Ich stehe mit diesen Leutchen* [Carl Heine und Ehefrau] *jetzt auf gleichem Fuß: Sie suchen meine Freundschaft, und nehmen sie an. Ich*

---

28   Ebd. 70-71.

will Ruhe und Frieden haben, darum w i l l ich vergessen,
obschon es im tiefsten Innern kocht. Hamburg wird Dich nie
mehr kränken und sollte man es wagen, dann schreibe nur
mir. Damit Du aber auch weißt, was ich mit Herrmann [er
war der Sohn von Onkel Henry Heine] *besprochen habe,*
so sind dieses nur die wenige Worte: Wenn Carl auch jährlich
20,000 francs giebt, so ist dieses bei seinem Vermögen gar
nichts, und nur so, kann er sich selbst ein Denkmal setzen,
daß er, Deutschlands größten Dichter, der krank und gefesselt
aufs Krankenlager liegt dadurch seine schreckliche Lage mil-
dert daß er ihm wenigstens die pecuniäre Sorgen abnimmt.
[…]
Heute sende ich Dir 400 francs, der Cours auf Paris ist
furchtbar; denn für die 400 francs muß ich hier 600 francs in
Papier zahlen. So sind unsere Finanzen, daher will ich mir
auch eine Herrschaft kaufen, dann hab ich doch Grund und
Boden.'[29]

Carl Heine war entschlossen, sich eine Herrschaft, ein
großes Gut, in Österreich-Ungarn zuzulegen, das wollte
Gustav ihm anscheinend nachmachen.

Bald heißt es wieder von Heinrichs Seite: *„Ich habe näm-*
lich von Carl Brief erhalten, der für meine Finanzen äußerst
günstig ist, einestheils weil er die Termine der Auszahlungen
rapprochirt, anderntheils weil er mir von vorn herein für
dieses Jahr eine Summe ausgesetzt…",[30] ohne dass Heinrich lange zappeln musste. So schien sich die finanzielle
Lage langsam zu bessern. Hineingeraten in diese
schlechte Lage war Heinrich aber durch eigene Schuld,

---

29   HSA XXVI, 276.
30   HSA XXIII, 87.

denn eine vermeintlich gute Investition in Prag entpuppte sich als Fehlschlag: Heinrich hatte 1846 bei Spekulationen mit Aktien in Prag Geld verloren. Durch Gustavs Vermittlung hatte er bis 1851 einen großen Teil seines Verlustes jedoch zurückerhalten.

Gustav schreibt nach längerem Schweigen an Heinrich: *„Leider habe ich aber sehr traurige Entschuldigungen für mich. Eine sehr lange Zeit war fast mein Haus und ich selbst an die Grippe sehr stark erkrankt. Denke Dir dabei mein unendlich großes Geschäft, endlich wird mir mein jüngstes Kind krank, und ist auch leider gestorben. Was meine arme Frau Emma und ich gelitten haben und noch leiden, davon will ich schweigen."*[31] Gustavs Tochter Marie war inzwischen vier Jahre alt, der Sohn Gustav drei und Max war eineinhalb Jahre alt.

Eigentlich plante Gustav, im Mai 1851 mit seiner Frau eine große Reise zu unternehmen, bis nach Prag, Hamburg und Paris, die aber vorerst verschoben werden musste. *„Bis heute habe ich immer noch geglaubt, daß ich meine Reise antretten kann, allein heute hat ein Consilium von Ärzte anders beschlossen."*[32] Seine Frau Emma war weiterhin krank, sie sollte vorerst eine Kur in Bad Ischl machen.

In diesem Jahr verbrachte Charlottes Tochter Anna von Embden einige Monate in Wien bei Onkel und Tante. Über ihren Aufenthalt berichtet sie ihrem geliebten Onkel Heinrich nach Paris. *„Da Du mich mit Deinem lieben*

---

31   HSA XXVI, 289.
32   HSA XXVI, 290.

Brief auffordertest zu schreiben, was ich bis jetzt unterlassen,
so thue ich es mit Vergnügen, da ich nur fürchtete, das Ge-
plauder einer muthwilligen Nichte, die nichts als Schelm-
stücke im Kopf hat, würde Dir lieber Onkel der leider krank
ist lästig fallen. Daß ich in Wien war wird Mutter Dir ge-
schrieben haben. Die Tante ist ein Engel aber sehr nervös,
Onkel Gustav ist der beßte Mensch auf der Welt, wir schlu-
gen uns, wir bissen uns, wir kratzten uns, wir zankten uns,
und haben uns gegenseitig doch sehr lieb. Die Kinder sind
allerliebst, ein Bub' aber blitzdumm. Von Wiens Merkwür-
digkeiten und die Lebensweise dort, brauch ich Dir lieber
Onkel nichts zu schreiben, da Du alles besser als ich selbst
kennst."[33]

Anfang August war Gustav mit Kofferpacken beschäf-
tigt, denn nun hatte er vom Arzt grünes Licht bekom-
men, die Reise mit seiner Frau konnte beginnen. Nichte
Anna war abgereist, dafür hielt sich nun Hermann, der
Sohn von Onkel Henry, in Wien auf. Er war im Auftrag
seines Cousins Carl Heine unterwegs – wegen dessen
Landgut oder „Herrschaft" in Orahorwiza (in *Österreich/*
Ungarn).

Als Gustav bald mit Gattin in Paris bei Heinrich erschien, ergab sich folgendes Bonmot: Da Gustavs Gattin
Emma klein und angeblich hässlich war, schaute Heinrich, als er sie zum ersten Mal erblickte, zu seiner Frau
Mathilde, die groß und üppig dastand, und meinte wit-
zig, aber uncharmant: *„Bruder, Du hast von zwei Übeln*
das Kleinere gewählt."[34]

---

33   HSA XXVI, 303.
34   Maximilian Heine, 1868, S. 87.

Gustav wusste den Besuch in Paris für seine Zeitung in Wien gut zu nutzen. Er schreibt darüber einen langen Artikel: *„Nach ein und zwanzigjähriger Trennung war es mir endlich vergönnt meinen theuren Bruder Heinrich wieder zu sehen! […] Aus seinem Schlaf- oder besser gesagt Wohn- und Leidenszimmer rief mir mein Bruder ein freudiges Willkommen entgegen – ein Willkommen mit der lieben Stimme, die mir wohl etwas matter, doch sonst unverändert entgegentönte."*[35] Dass er über den schlechten Zustand seines Bruders erschrocken war, ist verständlich. Wenn auch sein Kopf und sein Geist noch unverändert waren, so war sein Körper abgemagert und die Füße gelähmt. Nach persönlichen Plaudereien meinte Heinrich, er würde beten, dass Gott seinem Bruder bessere politische Gesinnungen einflöße. Er selber habe dem Atheismus abgeschworen. Das Buch, das auf dem Nachttisch lag, war von Heines entferntem Verwandten Hermann Schiff geschrieben, über das er sich lobend aussprach. Er konnte nicht verstehen, warum ein so talentierter Schriftsteller so wenig Anerkennung fand. Gesprochen wurde auch über Heinrichs kurze Zeit in Frankfurt bei einem Bankier. Er erinnerte sich auch an eine unangenehme Geschichte dort, als er auf einen Wechselbetrüger hereingefallen war.[36]

Zu Gustav meint er: *„Gott weiß, ich wäre gern Banquier geworden, es war zuweilen mein Lieblingswunsch, ich konnte es aber nie dazu bringen. Ich habe es früh eingesehen, daß den Banquiers ein Mal die Weltherrschaft anheimfalle."*[37]

---

35 Das Fremdenblatt, im Herbst 1851.
36 Werner I, S. 268–275.
37 Ebd. S. 272.

Zum Ende des Aufenthalts im August/September 1851 übergab Heinrich seinem Bruder ein Manuskript mit neuen Gedichten. Gustav sollte es Campe überbringen.

Nach seinem Hamburger Aufenthalt zurück in Wien, schreibt Gustav an Heinrich: *„Ueber meinen Aufenthalt in Hamburg wird man Dir alles geschrieben haben. Carl und Cecile waren sehr herzlich gegen uns, luden uns ein, führte meine Frau zu Tisch, machte Gegenbesuch, kurz alles war prächtig. […] Bei Carl habe ich Dich gut vertretten, jedoch kann ich ihm u n t e r u n s gesagt nicht unrecht geben, daß Du zu viel Geld brauchst. Sei daher vorsichtig und sparsam, denn mehr giebt er auf keinen Fall. […] Ueberhaupt bin ich j e t z t in Hamburg ein lieber Kerl. Thue daher nichts, ohne mich davon zu unterrichten. […] Überhaupt lieber Harry gewöhne Dir an, aufrichtig zu seyn, denn wem willst Du täuschen? Mich und hundert andere nicht. Du täuschest Dich nur selbst und schadest Dir. […] Auf eines muß ich Dich aber aufmerksam machen. Weder Carl noch Cecile haben Furcht vor der Oeffentlichkeit, d a v o n h a b e i c h m i c h ü b e r z e u g t.“*[38]

Im November musste Gustav wieder von der Krankheit seiner Frau berichten, sie litt an Migräne. Seine Kinder seien gottlob gesund. *„Meine zwei Buben kleine Engelchen dagegen mein Töchterchen ein großes Teufelchen. Das Kind ist klug wie der Tag und nicht zu bändigen 2 Gouvernanten sind schon davon gelaufen.“*[39]

---

38 HSA XXVI, 320–321.
39 HSA XXVI, 360.

Heinrich beängstigte zu Beginn des folgenden Jahres die Nachricht, dass das „Wiener Fremdenblatt" auf 14 Tage suspendiert war: *„…..indem ich wohl weiß, welche verderblichen Wirkungen eine solche Suspension haben kann."*[40] Heinrichs letztes Werk „Der Romanzero" war in Wien und auch anderorts sogar völlig verboten worden – von oberster Kirchenstelle aus befehligt.

Für die Zeitschrift wurde die Sperre schon am 17. Februar 1852 wieder aufgehoben. Gustav war überzeugt, dass die Suspendierung dem Blatt und ihm in Folge nicht sehr schaden würde. Er meint: *„Es ist unglaublich, daß man mir einem so gut kaiserlich Gesinnten wie ich bin, so etwas zumuthen kann."*[41] Es ging um zwei Persiflagen, die man für bare Münze genommen hatte. Gustavs Zeitungsauflage hatte bereits die Auflage von 16.000 Stück erreicht, aber es gab neidische Konkurrenz. In seinem Fremdenblatt wurde viel inseriert, in den anderen aber nicht. *„Es ist daher ganz natürlich, dass man mich zu verläumden sucht, und mir meine Stellung sehr erschwert, allein ich fürchte mich nicht, denn meine Handlungen sind immer grad offen und reell, und liebe meinen jungen Kaiser so innig wie wir unseren guten Onkel Salomon liebten."*[42]

Weiter heißt es bei Gustav im August 1852: *„Mit dem besten Willen kann ich nicht dafür. Ich wohne in Baden 4 Meilen von Wien, habe eine kranke Frau, bin bis zum Tode mit meiner Redaction gemartert, muß alles selber machen, soll dabei eine Cour machen, weil ich solche sehr bedarf, fahre fast alle Tage nach Baden hin und her, nun denke Dir meine*

---

40   HSA XXIII, 179.
41   HSA XXVII, 26.
42   Ebd. S. 27.

Lage. Seit 2 Monate will ich täglich nach Hamburg reisen und komme nicht dazu."[43]

Heinrich war derweil nicht gut auf Gustav zu sprechen. Das hatte mit den Verhandlungen mit seinem Verleger Campe zu tun und mit seinem erschienen Buch „Romanzero". Auch Maximilian hatte inzwischen den Bruder in Paris besucht. Nun schreibt ihm Heinrich nach Hamburg, wo Max sich danach eine Weile aufhielt:

„Ich möchte fast sagen, man kann sich auf seinen eigenen Bruder nicht verlassen. Vom Oelhändler habe ich noch keinen Brief. […] Wie ich über Campe vorausgesagt, ist eingetroffen. Faule Fische, deren Geruch mir das Leben verleidet und die ich mir um jeden Preis vom Halse schaffen muß. Auf meinen bestimmten Antrag hat er das Honorar betreffend ein Geschrei erhoben, als forderte ich zu viel, und nach seiner alten Methode brachte er in langen Abschweifungen eine Menge Dinge auf's Tapet, die alle dazu dienen sollen mich herabzustimmen und durch Hin- und Hergezerre zu ermüden, bis ich aus Ueberdruß nachgäbe. So hat er es immer gemacht, bei jedem Buche. Er klagte sogar, daß bei dem Romanzero kein so großer Absatz sei wie er hoffte, schlug mir vor, da ich ja doch die Absicht hege, ein Buch auf Subscription herauszugeben, daß er das jetzige Buch auf meine Kosten drucken und mir als Geschäftsträger dienen wolle- lauter unehrliche schnöde Ausweichungen. [Inzwischen, als Heinrich den Brief diktierte, war der Brief von Gustav eingetroffen]. *Du kannst an Campe offen gestehen, daß er* [Gustav] *auch meinetwegen nach Hamburg kommt,* […] *daß wenn Campe für das verlangte Honorar das Buch nicht*

43   HSA XXVII, 62.

haben wolle, Gustav sich erböte […] das Buch auf seine eige-
ne Gefahr herausgeben wolle."[44] Doch eigentlich wollte
Heinrich es nicht so weit kommen lassen. Er war bereit,
ein Geldopfer zu bringen. „*Campe kennt Gustav, weiß*
daß er ein ebenso großer Crakehler wie er selber ist und ent-
schließt sich vielleicht auf der Stelle zu einem honetten Gebot,
um Gustavs Intervention zu vermeiden."[45]

In einem weiteren Brief an Max in Hamburg behauptet
Heinrich, dass die Intervention von Gustav das Un-
glücklichste war, was ihm passieren konnte. Max solle
keinem etwas über Campes Brief erzählen, da es sonst
zu Indiskretionen und zu weiteren Verwicklungen kommen könne. Äußerungen über Campe hätten schon Ver-
wirrungen gebracht, die ihm nun fatal seien und ihm
seine Ruhe rauben würden: „*Du siehst wie Campe dadurch*
noch störriger wird u. überall Gefahren für sich sieht.[…]
Ich hatte doch soviel sacrifiziert, um Ruhe zu haben, u. jetzt
in einem Augenblick, wo Emotionen mir so schädlich, muß
ich die Suppe ausfressen, die mir Gustav eingebrockt. Es
wäre ganz hinreichend gewesen, wenn Du an Campe gesagt
hättest, daß wenn er meinen Antrag abweise, Gustav sich
erböte, das Buch für die verlangte Summe zu kaufen u. gleich
bei der Zusage u. sobald ich ihm einen Theil des Manuscripts
abliefere, die erwähnte Summe zu meiner Verfügung zu stel-
len. Er thut dieses, weil es ihm leicht wird, durch sein Zei-
tungsinstitut u. einen mit ihm verbundenen Buchhändler
das Buch auszubeuten. Du hättest freimüthig Campen ge-
stehn sollen, daß ich mich ungern in Gustavs Hände gebe,
daß er mich aber selber dazu zwinge."[46]

---

44 HSA XXIII, 232–233.
45 Ebd.
46 HSA XXIII, 235–236.

Schon wenige Tage danach heißt es in einem weiteren Brief: *„Du* [Max] *fragst mich, was Du jetzt in Betreff Campe thun sollst. Du lieber Gott! hier war nichts anders zu thun, als ich Dir gesagt habe, nämlich, ihn zu insinuieren, daß wenn er das Buch nicht haben will, mein Bruder Gustav mit allen zehn Fingern, ja mit zwanzig Fingern, da er noch mit einem Buchhändler verbunden ist, zugreift u. mir gibt was ich haben will."* [47] Doch Heinrich hatte Angst, ganz in die Hände Gustavs zu geraten. Er wollte Campe nur drohen, aber eigentlich gern weiter mit ihm zusammenarbeiten. *„Du* [Max] *selbst sähest es ungern, ich hätte dagegen die größte Abneigung, doch müßte ich der Nothwendigkeit gehorchen, wenn mich Campes Verfahren in das mißliche Dilemma versetzte. Er kennt Gustav, u. weiß daß er nicht fackelt, u. seine Klugheit räth ihm vielleicht, mich nicht aufs äußerste zu bringen und mir eine anständige Offerte zu machen."* [48]

Alles Taktik. Nur manchmal schoss durch die Eigenwilligkeit der Brüder einer von ihnen quer und dann war alle gute Taktik dahin. Missverständnisse, Lügen und Uneinsichtigkeit machten Heinrich das Leben schwer, zumal er selber gern versuchte, auf Umwegen sein Ziel zu erreichen. Und dass von Paris aus in Heinrichs Namen zwei weitere Personen mit Campe korrespondierten, machte die Sache nicht einfacher.

Max schreibt aus Hamburg im September an Heinrich: *„Ich war eben aus Berlin angekommen, stand mit Campe auf dem freundlichsten Fuße, als Gustav, v o r m i r, zu Campe*

---

47 HSA XXIII, 237.

48 Ebd.

lief und eben so brutal als borniert mit ihm sprach. Campe muße ihm die Thüre weisen. So schwer es mir wurde, und nur aus inniger Liebe zu Dir, brachte ich meiner Würde das Opfer und ging den anderen Tag zu Campe, zur Vermittlung. Alles umsonst. Campe war eigensinniger als je. Wollte gar nichts vom Buche wissen, und gar keine Intervention zulassen. Ich hatte genug zu thun, daß kein skandalöser Injurienprozeß entstand. Als ich Gustav fragte, ob er das Buch nehmen d.h. kaufen wolle, war seine Antwort (in Gegenwart Lottchens und der Kinder) daß er das Buch gar nicht brauchen könne, am wenigsten in Oesterreich. Sprach sehr u n ehrenvoll über Heinrich Heine und dessen (von mir überall sehr in Schutz und Truz genommene) Gattin Mathilde. Er ging mit großem Fiasco aus Hamburg und trat wie ein ausgepfiffener, mit faulen Aepfeln geworfener schlechter Schauspieler ab, nachdem ihm noch der schwache Versuch misslungen war, die einzelnen Familien-Mitglieder auf einander zu hetzen, und zwar durch Lügen, Verleumdungen und dergleichen."[49]

Max ging aber später noch einmal zu Campe. Ohne Manuskript in Händen wollte dieser sich jedoch auf gar nichts einlassen. Aber ohne Angebot wollte Max auch nicht weggehen. Campe erklärte sich bereit, 1.000 Taler zu geben, Max meint am Ende: *„Lieber 1 000 Thaler mit Ruhe, Ehrlichkeit und Anstand von Campe als 2 000 von Gustav.*"[50]

---

49   HSA XXVII, 70–71.
50   Ebd.

Heinrich war es sowieso lieber, mit Campe in freundschaftlichem Verhältnis zu bleiben, als mit Gustav, jedenfalls was seine eigenen Veröffentlichungen anbetraf.

„Das Zerwürfniß mit Max betrübt mich sehr, u. wenn ich Dir [Gustav] *auch nicht in allen Dingen Unrecht geben kann, so muß ich Dir doch versichern, daß Du Dich irrst, wenn Du ihn für ein Tartüffe hältst.* […] *Er hat sich eingebildet, daß er ein Nathan der Weise sei. Ihr beide paßt freilich nicht zusammen.*"[51]

Campe wollte im September 1853 die Vers-Epen „Ein Wintermärchen" und „Atta Troll" zusammen herausgeben, aber Heinrich bevorzugte eine andere Zusammenstellung mit neuen Gedichten. Außerdem solle Campe besser mit ihm direkt verhandeln, meinte entnervt der Dichter.

1855 plante Gustav wieder nach Paris zu seinem kranken Bruder zu reisen, doch seine Frau sei noch auf dem Lande und dazu wieder schwanger. Außerdem habe er sehr viel zu tun, er sei der Sklave seines Geschäfts. Auf jeden Fall wollte er diesmal mit Schwester Charlotte kommen, die noch nie in Paris war.

In einem folgenden Brief heißt es: *„Ich hoffe Dich diesen Herbst zu sehen. Meine Frau ist jeden Tag zum entbinden, deshalb kann ich jetzt nicht kommen. Lottchen bringe ich mit. Dein neues deutsches Buch habe ich noch nicht gelesen.*

---

51   HSA XXIII, 254.

Ich glaube Campe konnte mir eins schicken, dieser Lump, dieser Blutsauger, verdient an Dich genug."[52]

Etwas später schreibt Gustav: *„Sobald meine Frau ausgekalbt hat, komme ich zu Dir, versteht sich mit Lottchen. […] Wenn Du neue Sachen hast, verkaufe sie nicht gleich an den Hundsfott Campe. Warte bis ich komme. Schone Dich nur und sey überzeugt, daß Niemand mehr an Deinem Schicksal Antheil nimmt als ich.*"[53]

Ende August war Gustav immer noch in Wien. *„Mein Weib hat immer noch nicht gekalbt. Ich erwarte es jeden Augenblick. […] Von Max höre und sehe ich nichts. Ein Prachtexemplar von einem Egoisten.*"[54]

Selbst am 5. September heißt es noch: *„Mein Vögelchen hat noch immer nicht gekalbt, was mich sehr genirt. Vielleicht geht meine Frau ausnahmsweise 10 Monate. Mir kann schon soetwas passieren. Ich bin ungeduldig, weil ich Dich schon gern sehen möchte.*"[55]

Doch am 23. September war es endlich soweit: *„Meine Frau ist gestern mit einem Knaben niedergekommen. Du wirst Gevatter seyn, und er wird den Namen Heinrich oder Harry erhalten",* schreibt Gustav sogleich seinem Bruder. Und PS: *„Gestern hat Gretsch aus Petersburg bei mir gespeißt. Er sagte, bei Salomon habe es nicht so schön ausgesehen wie bei mir.*"[56]

---

52   HSA XXVII, 342.
53   HSA XXVII, 345.
54   HSA XXVII, 348.
55   HSA XXVII, 350.
56   HSA XXVII, 356.

Nach dem folgenden Hamburg-Aufenthalt reiste Gustav zusammen mit seiner Schwester im November 1855 noch einmal nach Paris. Auch über diesen letzten Besuch schrieb er einen langen Artikel in seiner Zeitschrift. Heinrichs Wunsch, er möge mit Behutsamkeit über ihn berichten, da er ihm gegenüber seinen Gedanken freien Lauf ließe, wurde dabei vielleicht nicht ganz entsprochen:

Charlotte sei beim Anblick des Kranken in Tränen ausgebrochen, *„Heinrich aber erinnerte uns in heiter Laune also gleich an so manche lustige Szene aus unserer Jugendzeit. Es war überhaupt rührend zu sehen und zu hören, mit welcher innigen Liebe er an Schwester Charlotte wie an unserer theuren Mutter hing, wie er sich um die geringste Kleinigkeit bekümmerte, wie er gleich einem zärtlichen Kinde nie müde wurde, von den beiden Frauen zu sprechen oder nachzufragen, wie es seinen beiden Nichten Anna und Helene, wie unserem Bruder Max in St. Petersburg ergehe!"*[57]

Heinrich hatte Gustav bereits gebeten, sich um seinen Nachlass zu kümmern und dessen Angelegenheiten nach seinem Ableben zu ordnen. Er legte Gustav einen neuen Kontrakt vor, den er unterschreiben sollte. Gustav riet ihm aber, den Kontrakt in zwei Teile aufzuteilen, woraufhin Heinrich bemerkte, Gustav sei ein besserer Jurist als er selber.

In den folgenden Tagen waren beide Besucher über das gute Gedächtnis überrascht, das Heinrich bei seinen Jugenderinnerungen zeigte. Er fragte: *„ Erinnerst Du Dich*

---

57   Werner I, 1973, S. 449.

noch des Tages, da einst unser Vater in seiner schönen Uni-
form nach Hause kam, und wie wir, nachdem er sie abgelegt,
uns so zu sagen in dieselbe theilten? Ich ergriff den Federhut
und rief: Ich bin Napoleon! Du faßtest nach dem Degen und
jubeltest: Ich bin Murat! Unser Bruder Max zog die Uni-
form selbst an, die natürlich rückwärts auf dem Boden nach-
schleppte, fortwährend jauchzend: Und ich bin des Kaisers
Leibarzt! Unsere gute liebe Mutter, welche alle diese Stücke
wie Kostbarkeiten zu überwachen pflegte, schlug die Hände
zusammen, und setzte unserem Glücke ein baldiges Ende. Es
ist merkwürdig, daß ich diese Prophetische Szene nie verges-
sen konnte. Du wurdest Kavallerieoffizier, Max ein be-
rühmter Arzt und ich liege hier auf meinem St. Helena und
sterbe an unsäglichen Schmerzen."[58]

Am 17. November reiste Gustav aus Paris ab, während
Charlotte noch blieb. Heinrich rief ihm zum Abschied
nach: *„Küsse mir mein Pathchen, den kleinen Heinrich! Du*
hast mir mit dieser Namenswahl eine große Freude gemacht,
aber – – laß ihn kein Dichter werden."[59]

Nachdem Heinrich am 17. Februar 1856 in Paris gestorben war, ging der Streit zwischen Gustav und Heinrichs
Witwe Mathilde weiter, denn Madame Heine solle sich
mit dem *Fremdenblatt Gustav* schlecht stehen, wurde behauptet. Ursache war das Schweigen Gustavs gewesen.
Er hatte Mathilde nicht zum Tod ihres Mannes kondo-
liert, dafür aber in Zeitungen eine protzige Anzeige erscheinen lassen, dass er für den berühmten Bruder ein
Grabmal setzen lassen wolle, das zehntausend Franken

---

58 Werner I, 1973, S. 451–452. Die Geschichte wird sich um
    1811 zugetragen haben.
59 Ebd. S. 452.

koste. Sie schrieb daraufhin am 8. März an den Chefredakteur der Zeitung „Le Siècle" mit beigefügter Annonce, dass *„ein Grabdenkmal nicht auf dem Grab Henri Heines ohne meine Erlaubnis errichtet werden kann."* Dieser Brief wurde im Januar 2011 in einem Antiquariat angeboten und vom Heine-Institut gekauft.[60]

Gustavs Frau starb bereits 1859, nur wenige Jahre nach Heinrich und im selben Jahr wie die Mutter Betty (Peira) Heine. Sechs Kinder hatte Gustavs Frau geboren, wovon fünf am Leben blieben, zwei Mädchen und drei Jungen. Im hohen Alter verlobte sich der Witwer noch einmal für kurze Zeit. Die junge Dame hieß Bertha Sophia Gräfin Kinsky von Chinic und Tettau (1843–1918) oder von Suttner und war danach mit Alfred Nobel verbunden. Sie wurde bekannt als Kämpferin für die damalige Friedensbewegung und durch ihren Roman „Die Waffen nieder". Sie erhielt 1905 den Friedensnobelpreis.

Die achtzehnjährige Bertha hatte eine ehrgeizige Mutter, die ihre Tochter zu gern in den obersten Kreisen der Wiener Gesellschaft gesehen hätte, doch ohne sechzehn adlige Vorfahren der Mutter war es kaum möglich, in die ersehnte Gesellschaft einheiraten zu können. Schnell wurde eine Lösung gefunden. Bertha sollte einen der reichsten Männer Wiens heiraten und dieser hatte ihr bereits einen Antrag gemacht. Was zählten da seine jüdische Herkunft und sein Alter. Gustav hatte der jungen hübschen Dame einiges versprochen, wie sie später aufschrieb: *„Mit dem höchsten Glanz wollte er meine und meiner Mutter Existenz umgeben – Villen, Schlösser, Palais. Ich*

---

60   Artikel in der FAZ vom 8. Januar 2011.

war geblendet und sagte ja'. Ich versuche nicht diese Tatsache
zu beschönigen. Es ist eine häßliche Tatsache, wenn ein
achtzehnjähriges Mädchen einem ungeliebten, so viel älteren
man die Hand reichen will, nur weil er Millionär ist! Es
heißt – um es bei seinem Namen zu nennen – sich
verkaufen.'[61]

Doch wer der alte, reiche Herr war, darüber äußerte sie
sich zuerst nicht. Die Historikerin Brigitte Hamann
schreibt: „Durch gute Regierungsbeziehungen und
großzügige gemeinnützige Spenden hatte er [Gustav] es
zu zahlreichen Orden und schließlich zum Titel eines
Barons gebracht. Damit rückte er, der Spross einer nord-
deutschen jüdischen Familie, in die Reihe der ,zweiten'
Wiener Gesellschaft auf, die Schicht der Neugeadelten,
der Industriebarone der Ringstraßenzeit, jene Schicht,
die das geistige Leben Wiens bis zum Ende der Monarchie beherrschte und die fast alle intellektuellen, wirt-
schaftlichen und künstlerischen Größen dieser Zeit her-
vorbrachte. Gustav Heine-Geldern war eine mächtige
Figur des öffentlichen Lebens. Er hatte politische Macht
durch seine viel gelesene und erfolgreiche Zeitung und
wirtschaftliche Macht, weil er mit seinem Geld Abhän-
gigkeiten schuf."[62]

Die junge Bertha war für Gustav eine gute Wahl, denn
sie war gebildet, belesen, weltoffen, dazu hübsch und von
Adel. Er schenkte ihr Schmuck, elegante Roben und
eine Wohnungseinrichtung. Er war bereit, sie und ihre
Mutter zu verwöhnen. Doch Bertha vertraute das erste

---

61 Hamann, 1986, S. 20.
62 Ebd.

Tête-à-Tête ihrem Tagebuch an: *„Bertha, weißt du, wie entzückend du bist?' er umschlingt mich und drückt seine Lippen auf die meinen. Der erste Liebeskuß, den mir ein Mann gegeben. Ein alter Mann, ein ungeliebter Mann.- Mit einem unterdrückten Ekelschrei reiß ich mich los, und in mir steigt ein leidenschaftlicher Protest auf- - Nein, niemals - -."*

Auch wenn die Mutter gegen die Auflösung der Verlobung war: Die Geschenke wurden zurückgeschickt und das kurze Verlöbnis war damit beendet. Bertha schreibt weiter: *„Bald lag die ganze Episode hinter mir wie ein böser Traum, aus dem erwacht zu sein, ich als Wohltat empfand."*[63]

Erworben hatte Gustav verschiedene Güter: zuerst Hof Strasshof und Neuhof, dann Landtafelgüter im Marchfeld, Schönkirchen, Siehdichfür und Roggendorf[64] und dazu zwei Schlösser. 1861 erhielt er in Wien das Bürgerrecht. In seiner Villa in Baden bei Wien pflegte er gar einen opulenteren Lebensstil als sein Oheim in Hamburg.

„Aus seiner Nobilitierungsakte im Staatsarchiv Wien geht hervor, dass Gustav Ritter von Heine um die Einwilligung des Prädikats ‚von Geldern' gebeten hatte, also den Namen Freiherr v. Geldern zu führen wünschte. Nachdem ihm mitgeteilt worden war, das Prädikat van Geldern hätten bereits die Grafen v. Wylich verliehen erhalten, im Übrigen könne es auch deshalb nicht

---

63 Ebd., S. 20–21.
64 Roggendorf ist heute eine Sektkellerei.

vergeben werden, weil es sich um den Namen einer Provinz und einer Stadt handele, hat Gustav v. Heine seine Bitte mündlich dahin abgeändert, es möge ihm die Führung des Namens ‚Geldern' in der Art gestattet werden, dass er den Namen ‚Geldern' dem Geschlechtsnamen Heine anfügen und sich somit Freiherr v. Heine-Geldern nennen dürfe. Auf die Führung des Namens Geldern müsse er nämlich besonders Wert legen, weil derselbe auch der Geschlechtsname der Mutter und von ihm selbst auch in der früheren Epoche seines Lebens geführt worden sei."[65]

Gustav erhielt das Ritterkreuz 1. Klasse des königlich sizilianischen Ordens Franz Joseph I. und danach noch weitere Orden. 1870 wurde ihm gestattet, das Komthurkreuz des spanischen Ordens Karl III. und den ottomanischen Medschidje-Orden dritter Klasse anzunehmen und zu tragen.[66] Schon 1867 war er in den Ritterstand erhoben worden. Am 24.8. 1870 wurde er österreichischer Freiherr und am 20. Oktober 1870 wurde ihm das Recht verliehen, sich „Freiherr von Heine-Geldern" zu nennen.[67]

Die Zeitung, die er bereits in andere Hände gegeben hatte, kam 1875 wieder unter seiner Regie heraus und blieb somit loyal und patriotisch. Außerdem trat er als Vizepräsident der Verwaltung der „Elbemühle" bei, einer Papierfabrik in der Tschechoslowakei. Diese hatte

---

65 Herman Lohausen: Heinrich Heine, Seine Abstammung aus der Hoffaktoren-Nobilität. In : Mittteilungen der Westdeutschen Gesellschaft für Familienkunde, Heft 8, 1972, S. 203.
66 Österreichisches Journal vom 22.12.1870
67 Kruse, 1997, S. 43.

sich zuvor mit anderen Papierfabriken und Zeitungen zusammengeschlossen, darunter dem „Fremdenblatt". Nach Gustavs Tod ging das „Fremdenblatt" in die Reihen der Opposition über und wurde Aktiengesellschaft, was der Regierung sehr unangenehm war.

Gustav, dessen Name in die Pressegeschichte Österreichs einging, starb am 15. November 1886 als mehrfacher Millionär in Wien, er wurde zwei Tage später auf dem Zentralfriedhof beerdigt. Geheiratet hatte er nicht wieder.

Man sagte, Heinrich und Gustav wären nur durch Geburt, aber nicht durch Geist und Gemüt verwandt gewesen.

Charlotte Heine, verh. von Embden (1800–1899)
Foto eines um 1840 gemalten Bildes

„Mein liebes Lottchen"

Charlotte (1800–1899), von Heinrich auch „meine Christallpuppe" genannt, war alles andere als eine zerbrechliche Frau, im Gegenteil, sie macht eher einen bodenständigen und robusten Eindruck. Sie war eine humorvolle und lebensfrohe Frau, die in ihrer Rolle als Mutter und Hausfrau ihre Erfüllung fand. Sie wirkt zufrieden mit ihrem Leben und mit ihrer Ehe, über die allerdings nicht viel bekannt ist. Ihre Briefe zeigen Witz und große Zärtlichkeit ihrem großen Bruder gegenüber. Dass die Briefe ihrer Töchter einen für damalige Verhältnisse außergewöhnlichen Ton anschlagen, wird nicht zuletzt Charlottes Einfluss zu verdanken sein. Sie sind unkonventionell formuliert, frei und ungehemmt.

Charlotte oder mit jüdischem Vornamen Sarah war zudem Heinrichs „durchsichtiges Kind", aber auch die „Plapperlotte". Nachdem sie in Düsseldorf die Schule besuchte, dann in Oldesloe kurze Zeit verbrachte und ein Jahr in Lüneburg lebte, heiratete sie bald darauf in Hamburg den jüngeren Bruder von Onkel Henrys Ehefrau.

Bei jenem Onkel Henry in Hamburg, der mit Henriette von Embden verheiratet war, war Harry auch zuerst dem Bruder von Henriette, dem Kaufmann Moritz von

Embden, begegnet, der ihm als zukünftiger Ehekandidat gut gefiel. Das Zustandekommen der Ehe von Charlotte mit Moritz war dann durch Harrys Vermittlung gelungen, denn dieser hatte ihm von seiner Schwester derart vorgeschwärmt, dass Moritz sie unbedingt kennenlernen wollte. *„Ich hoffe"*, meint Heinrich, *„daß wir uns in der Folge gemüthlich näher treten mögen, und daß auch Sie das Gute, was sehr oft versteckt in mir liegt, herausfinden und anerkennen werden."* [1]

Da Deutschland in jenen Tagen aus vielen verschiedenen Staaten bestand, musste man für alle Reisen aus Hamburg heraus einen Passantrag stellen. In Charlottes Pass stand, dass sie mittelgroß sei, braune Haare und blaugraue Augen habe. [2]

Charlotte Heine und Moritz von Embden heirateten am 22. Juni 1823 auf dem Zollenspieker, auf halbem Wege zwischen Hamburgs Neustadt und Lüneburg. Der Rabbiner war aus Winsen gekommen, um das Paar unter der Chuppa zu trauen. *„Es war ein schöner Tag der Festlichkeit und Eintracht"*, [3] berichtet Bruder Heinrich vom Hochzeitsfest. Die Eintracht bezog sich aber wohl mehr auf das Verhältnis zwischen ihm und seinem Oheim Salomon. [4]

Einige Wochen nach der Hochzeit besuchten Heinrich und seine Schwester eine gute Bekannte Heinrichs in

---

1   HSA XX, 111.
2   StAHbg, 332-8, Meldewesen, A. 24, Bd.15.
3   HSA XX, 99.
4   Vgl. Steckmest, 2017, S. 113–114.

Hamburg, Rosa Maria Assing geb. Varnhagen.[5] Diese berichtet in ihrem Tagebuch über den Besuch. Charlotte sei ein zartes, jugendliches und freundliches Weibchen, die Heinrich zum Kennenlernen mitgebracht habe. *„Die Liebe und Innigkeit, mit welcher er an seiner Schwester hängt, gefällt mir an ihm.“*[6] Assings Ehemann hatte sich dagegen zuvor über die Eitelkeit Heinrichs beklagt.

Ein halbes Jahr später, im Januar 1824, schreibt Heinrich an seine Schwester: *„ - Den Pfuscher* [gemeint war Moritz, weil Charlotte eine Fehlgeburt erlitten hatte] *grüße mir recht viele tausendmahl. Wiederhole ihm die Versicherung meiner Freundschaft. Wer mein kleines Lottchen liebt, den liebe ich auch.“*[7]

Nur drei Jahre hielt die Freundschaft zwischen Heinrich und Moritz. Dann beschwerte Heinrich sich bitter: *„wegen Unappetitlichkeit meines Schwagers habe ich meine Schwester ganz aufgeben müssen.“*[8] Der Hintergrund war, dass er Moritz für das Scheitern seiner Pläne, sich in Hamburg als Advokat niederzulassen, mitverantwortlich machte. Angeblich habe er Heinrichs Pläne hintertrieben und Gerüchte über ihn verbreitet. Er wollte Rache an Moritz nehmen, er verachtete seine Lebensweise und verleumdete ihn in der ganzen Welt. Dabei wäre Heinrich so gern in der Nähe seiner Schwester geblieben. Gegenüber seinem Freund Moses Moser äußerte er sich

---

5   Rosa Maria Varnhagen leitete in jungen Jahren eine Erziehungsanstalt, in der auch Töchter von Salomon Heine während der Franzosenzeit unterrichtet wurden.

6   Werner I, 1973, S. 85.

7   HSA XX, 135.

8   HSA XX, 243.

ebenfalls betrübt: *„Ich hab diese Tage meine Schwester verloren."*[9]

Zum endgültigen Bruch kam es jedoch nicht, auch wenn die große Freundschaft zwischen Heinrich und Moritz vorbei war.

Die Familie von Samson Heine lebte seit 1822 in Lüneburg. Dort besuchte Heinrich Heine bei Gelegenheit seine Eltern, um in Ruhe arbeiten zu können. Das Jurastudium mit Abschluss als „Doctor juris" lag noch vor ihm, seine Taufe lag bereits hinter ihm. Aus Lüneburg schreibt Heinrich seiner Schwester nach Hamburg, die mit ihrem Mann am Neuen Wall in einem schmalen Barockgebäude rechts neben dem Stadthause wohnte, einen Brief. *„Du gutes, liebes, durchsichtiges Kind! Wie oft sehne ich mich danach Deine kleinen Allabastpfötchen zu küssen! Habe mich nur lieb, so stark Du kannst. […] - Sage mir wie befindest Du Dich in kalbender Hinsicht?"*[10]

Im Dezember, als Heinrich immer noch in Lüneburg verweilte, heißt es: *„O wie schön ist es, wenn Ihr beide wechselseitig Euere schwachen Seiten ertragen lernt. Wechselseitige Nachsicht, Billigkeit, Verständniß gründet eine gute Ehe. Moriz wird jetzt wissen, wie er so ein liebes, gläsernes, hübsches und wunderliches Spielzeug, wie Du bist, zu behandeln hat."*[11]

Bei Charlottes Schwangerschaft regten sich bei Heinrich *„oheimliche"* Gefühle, *„- und ich bin gespannt ob ich*

9   HSA XX, 237.
10   HSA XX, 120.
11   HSA XX, 131.

einen Neffen oder eine Neffin bekomme",[12] schreibt Heinrich im März. *„O wie wird der Pfuscher vergnügt seyn wenn er das erste Kindergeschrei hört! Wie wirds bei Mama nach Kuchen riechen! Alles wird sich freuen und in Bewegung sein, und Tante Jette wird im ersten Augenblick nicht wissen ob sie Tante oder eigentlich Großtante geworden ist."*[13]

Die erste Tochter Charlottes, die 1824 geboren wurde, hieß Maria Henriette (–1915). *„Mit welcher Angst habe ich darauf gewartet! Ich gratuliere Ihnen zu dem kleinen süßen Töchterchen, und wünsche daß es seiner kleinen süßen Mutter ähnlich werde"*, schreibt Heinrich aus Göttingen an Moritz.[14] Über die Verlobung dieser ältesten Tochter berichtet Jahre später Carl Heine, Onkel Salomons Sohn.: *„Welche Vortheile, welche Aussichten für die Zukunft! Statt des von Embden, das man hat laufen lassen, da es zu sehr nach dem Dreckwall* [Alter Wall] *riecht, von Voß zu heißen, katholisch zu werden, kurz so ganz und gar Christ."*[15] Da am „Dreckwall" Juden lebten und der Name von Embden nur bei Juden vorkam, war der Name Voß oder de Vos wohl eine Bereicherung. – Maria heiratete aber schon bald ein zweites Mal, den Principe della Rocca d'Aspro aus Neapel, der in London lebte.

1881 erschien bei Hoffmann & Campe Marias Buch „Erinnerungen an Heinrich Heine", das Aufzeichnungen ihrer Mutter über deren Bruder enthält. Ein weiteres, ergänzendes Werk über Heinrich Heine erschien

---

12   HSA XX, 155.
13   Ebd.
14   HSA XX, 172.
15   HSA XXVI, 51.

von ihr bereits ein Jahr darauf in Leipzig mit dem Titel „Skizzen über Heinrich Heine".[16]

Im Sommer 1825 war Charlotte in Lüneburg bei den Eltern zu Besuch gewesen, doch Heinrich büffelte gerade in Göttingen für sein Examen, das er im Juli bestand. Sein folgender Versuch, sich in Hamburg *einzunisteln*, scheiterte dann angeblich an Moritz' Einmischung.

Nachdem Charlotte ihr zweites Kind bekommen hat, schreibt Heinrich im Oktober 1826 aus Lüneburg an seine Schwester in Hamburg: *„Deine Niederkunft habe ich zu Norderney in der Hamburger Zeitung gelesen, und wahrlich! Ich hatte vorher weniger Gemütsruhe. Ich freue mich, daß Du einen Knaben hast. - Möge Gott das liebe Kind in besondere Obhut nehmen, daß der Mensch in ihm nicht allzufrüh verkrüppelt werde."*[17] Die knappe Zeitungsanzeige vom 9. September lautet folgendermaßen: *„Heute wurde meine Frau, geb. Heine von einem Knaben glücklich entbunden, Moritz Embden."*[18]

Dieser einzige Sohn, Ludwig Heinrich von Embden, wohnte immer bei seiner Mutter und blieb Junggeselle, nach ihrem Tod zog er in die Schlüterstraße. Er veröffentlichte 1892 ebenfalls ein Buch zur Familiengeschichte mit dem Titel „Heinrich Heines Familienleben".

---

16   Beide Buchtitel sind in Neuauflagen erschienen.
17   HSA XX, 260.
18   Staats- und gelehrte Zeitung des hamburgischen unpartheiischen Correspondenten vom 9.9.1826.

Die zweite Tochter der Embdens hieß Anna Catharina, sie wurde 1829 geboren und ehelichte später in London den Großindustriellen Adolf Italiener. Dort hatte sie die Ehre, für viele Jahre die Vorleserin der englischen Königin Victoria zu sein. Ihr Onkel Heinrich mochte sie besonders gern.

Seit dem Tod von Samson Heine, den seine Frau Peira *bis ins Grab liebte,* wie Heinrich schrieb, lebte sie als Witwe für immer in Hamburg. Weiter schreibt ihr Sohn: „*Diese war immer noch die vernünftigste Frau, u. wir wissen doch was wir wissen.*"[19] Das klingt geheimnisvoll und hat sicherlich mit der Krankheit des Vaters zu tun.

1833 ereignete sich in Peiras Haus am Neuen Wall ein Brand. Sie berichtete einige Wochen danach, wie der Brand unterhalb ihrer Wohnung ausgebrochen war und wie dramatisch die Lage gewesen sei. Bei der starken Rauchentwicklung im Treppenhaus wäre sie daran fast erstickt. Hannchen, vermutlich ihr Hausmädchen, wurde ihre Retterin. Es war nicht möglich, auch nur irgendetwas zu retten. 600 Courant Mark verbrannten neben all den Dokumenten, Manuskripten und Bildern ihrer Söhne. Besonders der Verlust von Heinrichs Porträt und dem ihres Mannes stimmte sie sehr traurig.[20]

Heinrich war zuvor für kurze Zeit wieder in Lüneburg gewesen, wo er den Goethe-Verehrer Rudolph Christiani kennen und schätzen gelernt hatte. Dieser hatte ebenfalls Jura studiert und zudem waren beide im selben Jahr

---

19 HSA XXIII, 105.
20 Siehe dazu den Brief der Mutter: HSA XXIV, 231.

geboren. Damals verdiente Christiani sein Geld als Rathaussekretär in Lüneburg. Dieses Salär war jedoch als bescheiden zu bezeichnen. Er war aber ein Dandy, ein Mann von gutem und teurem Geschmack, der sich gern von Damen bewundern ließ.

Zu jener Zeit war eine Tochter von Onkel Isaak Heine aus Bordeaux in Hamburg bei Onkel Salomon zu Besuch. Sie hieß ebenfalls Charlotte und war gerade 20 Jahre alt. Heinrichs Schwester hatte nun die Idee, ihre Cousine, die sicherlich von Onkel Salomon eine gute Mitgift für eine Ehe zu erwarten hatte, an jenen Christiani zu vermitteln. Ihr erster Versuch beim Onkel war gescheitert, aber eines Tages erschien er doch bei ihr im Haus, um Genaueres zu erfahren. *„Guten Morgen, Lottchen!"*, soll er in ihrem Boudoir gesagt haben, wie Maximilian berichtet. *„'Gieb mir einmal einen Bogen Papier, einen Bleistift und wiederhole mir ganz wörtlich, was Du mir über Dr. Christiani gesagt hast.' Meine Schwester, die des alten Onkels lakonisches Verfahren zu gut kannte, war nicht wenig erschrocken, da sie wohl wußte, daß man hier nicht zu wenig sagen und in dem, was man sagte, auch nicht ein Haar breit von der absolutesten Wahrheit abweichen durfte. Welch eine schwere Aufgabe für eine Hochzeitsstifterin, die pflichtgemäß ihre Candidaten auf das Vortheilhafteste herausstreichen soll!*
Nun gingen die Fragen los über Alles, Lebensweise, Tugenden, Vermögensverhältnisse und sonstige Tätigkeiten des designirten Bräutigams, was Alles vom Onkel, wie von einem Instructionsrichter, zu Papier genommen wurde. Meine Schwester hielt das Kreuzfeuer der Fragen mit großer Vor-

sicht aus; die Partie kam zu Stande, und der Onkel gab acht-
zigtausend Banco Mark der Nichte als Mitgift.[21]

Die Hochzeit Christianis fand am 28. August 1833 in
Ottensen statt. Alles war so gelaufen, wie Charlotte es
arrangiert und geplant hatte. Nicht voraussehen konnte
sie, dass Christiani später die Mitgift seiner Frau vergeu-
dete. Sogar 18.000 Mark, die Salomon Heine ihm später
für einen Hausbau zur Verfügung stellte, verschwendete
er beim Spiel. Eine weitere Bitte um Geld lehnte Onkel
Salomon verständlicherweise ab. Das Ehepaar musste
nun sehen, wie es mit dem kleinen Einkommen zurecht-
kam, das Christiani als provisorischer Stadtsekretär verdiente. Er starb bereits 1858, seine Ehefrau, die einige
Jahre danach in Hamburg lebte, starb 1869 in Wiesba-
den. Heinrich hatte sich schockiert über Christiani ge-
äußert und seine Schwester wird es auch gewesen sein.

Charlottes dritte Tochter geb. 1834 (–1916), hieß Helene Therese. Hierzu schreibt Heinrich: *„Vor anderthalb*
Minuten erhalte ich den Lieben Brief worin mir unsere
glückliche Niederkunft gemeldet wird. […] Mein Herz ist
jetzt so erleichtert, daß ich vor Freuden tanzen möchte.“[22]
Jede Schwangerschaft seiner Schwester erlebte Heinrich
fast wie ein Ehemann mit. Seine Liebe zu ihr zeigt sogar
erotische Anwandlungen. In jedem Fall war seine Beziehung zu ihr extrem eng, wohl enger als umgekehrt.

---

21 Maximilian Heine, 1868, S. 70–71.
22 HSA XXI, 77.

Helene heiratete später in Berlin den Kaufmann Wilhelm Hirsch. Zuletzt lebte sie in Charlottenburg in einem wahren Heine-Museum.

An den Vater Moritz von Embden war ein Brief seines Schwagers Heinrich gerichtet, der erst vor wenigen Jahren im niederländischen Haarlem für das Heine-Institut gekauft werden konnte. *„Ehrlich gestanden, ich war etwas mißmuthig in Betreff Ihrer gestimmt; denn Sie waren doch Schuld an den großen Sorgen, die mir der dicke Zustand meiner Schwester verursacht. Ich wünschte, Sie wären der lieben Frau minder treu."*[23]

Zwei Jahre nach der Geburt der vierten Tochter fand 1837 die Hochzeit ihrer ältesten Tochter Anna statt. Charlotte berichtet dazu an Heinrich: *„Anna ihr hochzeit ist den 11ten juny gewesen, die ganze Familie befindet sich Gott lob Wohl, wie auch Deine Dich innigliebende Mutter Betty Heine."*[24]

Als Charlottes Letztgeborene bereits 1849 verstarb, schreibt Heinrich einen anrührenden Brief voller Todessehnsucht an seinen Bruder Max: *„Unser armes Lottchen hat einen großen Verlust erlitten. Das kleine Mädchen, unsere verstorbene Nichte, war das liebenswürdigste Eichhörnchen, voll Geist, Gemüth, Gescheutigkeit und Eulenspiegelei. Ich verlor hier eine der begabtesten Leserinnen, und als meine letzte Gedichtsammlung erschien, bemerkte sie ganz richtig: ,Daß der Onkel das Wort Kackstühlchen gebraucht hat, das ist ganz neu, und das hat noch kein anderer gewagt.' Die*

---

23 Christian Liedtke, Ce pauvre ours allemand, Heine-Jahrbuch 55 (2016), S. 197–211, hier S. 200.
24 HSA XXV, 55.

Kleine wird sich sehr wundern, wenn sie den Onkel bald an-
kommen sieht im Himmel, denn daß es einen Himmel gibt,
lieber Max, das ist jetzt ganz gewiß seit ich dessen so sehr
nötig habe bei meinen Erdenschmerzen."[25]

Für seine Schwester findet er folgende Worte: *„Dein*
Brief hat mich tief erschüttert und ich habe seitdem geweint
und wieder geweint, so daß ich heute fast nichts sehen kann.
Nur ein Wort zum Trost: sterben ist kein Unglück, aber jah-
renlanges Leiden ehe man es dahin bringt zu sterben. Jah-
renlanges Leiden— glücklich sind die welche schnell
fertigwerden."[26]

Seit dem Frühjahr 1827 wohnte die Familie Embden
nicht mehr wie bisher am Neuen Wall neben dem Stadthaus, das während der „Franzosenzeit" als Rathaus gedient hatte, sondern am Prätzmannplatz Nr. 9, wo verschiedene Familienmitglieder und Angestellte der Bank
Salomon Heine ein Haus gemietet hatten. Später zogen
die Embdens in die Große Theaterstraße, Ecke Damm-
torstraße, danach in die 1. Fehlandstraße, und seit dem
Mai 1851 wohnten sie am Gänsemarkt, auch nur wenige
Schritte von den alten Wohnungen und dem Jungfernstieg entfernt.

Hamburg war immer noch eine Stadt innerhalb von
Stadttoren, die nachts verschlossen wurden. Die großen
Steintore, die hohen Wälle und Stadtmauern waren
längst abgetragen und als beschauliche Wege im Grünen
hergerichtet worden. Doch Hamburg blieb weiterhin

---

25   HSA XXII, 315.
26   HSA XXII, 308.

eine düstere, enge, stinkende und wenig komfortable Stadt. Sie hätte einer Auffrischung bedurft. Der Große Brand von 1842 machte dann unfreiwillig und brutal den Weg frei für eine Umgestaltung, was auch eine Verschönerungskur mit breiten und geraden Straßen und vielen Neubauten, oft weiß verputzt, nach sich zog. Das alte schiefwinkelige und schlabberige Hamburg Heines ging in großen Teilen verloren – zum Vorteil der meisten Bewohner.

Hamburg war ein großer Handelsplatz, ein Umschlagplatz für internationale Waren, eine Stadt von wirtschaftlicher Bedeutung, doch politisch wenig flexibel, in Traditionen verhaftet. Nach der „Franzosenzeit" war nur das Handelsgericht aus der moderneren Verwaltung übernommen worden, ansonsten war man zu dem alten Judenreglement von 1710 zurückgekehrt. Auch die alte Verfassung von 1712 war für alle wieder in Kraft getreten. Daran hatte sich bislang noch nichts geändert. Nach dem Brand wurde Juden nur gestattet, Grundstücke zu erwerben, was bislang offiziell nicht möglich war.

Militärisches Gepränge, Adelstitel und die Zurschaustellung von Reichtum waren in Hamburg weitestgehend verpönt. Im Gegensatz zu Wien, Paris und St. Petersburg wurden in der Hansestadt republikanische Traditionen gepflegt. Hier wurde nicht Hof gehalten, hier waren die Kaufleute die Könige, wenn auch nur abwertend als *Pfeffersäcke* bezeichnet. Kein Schloss, kein Palast zierte die Stadt, selbst die wichtigsten Gebäude gaben sich eher bescheiden. Das Schönste in Hamburg war kein Haus, es war und ist die Alster, der Fluss, aufgestaut zum See. Die Fertigstellung von Hamburgs einzigem Prunkbau 1897, dem 1842 abgebrannten Rathaus, wird Charlotte vielleicht erlebt, gesehen und eventuell bewundert haben.

Heinrichs Mutter war 1833 nach dem Brand in ihrem Haus nur ein paar Häuser weiter gezogen, in die Nr. 48 am Neuen Wall, Richtung Stadthausbrücke. Hier entkam sie zum zweiten Mal den Flammen, als 1842 halb Hamburg und auch wieder ihr Haus abbrannte. Ihr Sohn in Paris schreibt erleichtert am 17. Mai: *„Liebste Mutter und liebe Schwester! Euren Brief vom 9ten habe ich richtig erhalten und danke Gott, daß wir so mit dem blauen Auge davongekommen sind. Daß die liebe Mutter abgebrannt, ist freilich sehr betrübend; aber die Hauptsache war für uns doch, daß Dein Haus liebes Lottchen, unversehrt blieb. Hoffentlich wirst Du durch das Unglück auf andrem Wege ebenfalls nicht viel verloren haben; beruhige mich hierüber, welches von anfang an meine Hauptsorge war. […] Hatte die Mutter ihre Sache verassekurirt* [versichert] *und wird da gezahlt werden. Auch darüber sagt mir ein Wort. – Ich bin noch ganz wie betäubt von der verfluchten Geschichte; meine Kopfnerven wurden plötzlich erschüttert und vielleicht erst morgen oder übermorgen werde ich wieder geistesklar seyn."*[27]

Später erschien ein Bericht einer Bekannten von Charlotte, die über die versuchte Rettungsaktion bei der Mutter am Neuen Wall schreibt, als Charlotte mit Paketen von Manuskripten aus dem Haus trat und sie sogleich in Rauchwolken eingehüllt war. *„Die tapfere, kleine Frau trotz höchster Anspannung aller Seelen- und Körper-*

---

27 HSA XXII, 25–26.

kräfte konnte dem nicht lange standhalten. Von der rück-
sichtslos vorwärts drängenden Menge gestoßen und gescho-
ben, entfiel der ohnmächtig umfallenden der kostbare Schatz.
Auch sie wäre wohl im Getümmel und dem wüsten Wirr-
warr verloren gewesen, wenn nicht ein Fremder mitleidig
und tätig sich ihrer angenommen und sie nach Hause ge-
bracht hätte. "[28]

Das Haus der Familie von Embden in der Großen
Theaterstraße war unbeschadet geblieben. Nun zog die
Mutter nach dem zweiten Brandschaden nur kurz um
die Ecke, etwas dichter zur Tochter in die Dammtor-
straße Nr. 20. Über ihre hinteren Fenster konnten alle
miteinander in Kontakt kommen.

Als bei Heinrich in Paris Besuch eines Verwandten eintraf, der eine Zeitlang in Hamburg bei Onkel Salomon
Heine im Bankhaus gearbeitet hatte, berichtete dieser,
dass Charlottes Tochter Marie schlank und geistreich
wie die Mutter sei. Dazu bemerkte Heinrich, sie könne
aber mal die Feder ansetzen, um ihrem Onkel zu
schreiben.

Im November 1842 erfuhr Heinrich von der bevorstehenden Hochzeit Maries und schreibt dazu an seine
Schwester: *„Wie soll ich die Freude aussprechen, die mich*
beim Empfang Deines lieben Briefes fast bestürzt machte;
ich und meine liebe Frau, die den innigsten Antheil an Euch
nimmt, wir haben eine sehr vergnügte Stunde genossen. […]
Du bist noch äußerlich und geistig so sehr jung und verheu-

---

28 Anna Sussmann-Ludwig: Hamburger Fremdenblatt vom
    26.1.1911

rathest schon eine Tochter und wirst also bald Großmutter
werden! Und die alte Gluck wird Urgroßmutter – aya! Hät-
te ich nur einen Augenblick mein arm Vaterchen; wie würde
der sich gefreut haben! Das ist beständig mein Gedanke.
Und das Glück macht mich traurig! […] Die Hoffnung, daß
Marie nach Paris kommen wird, entzückt mich bis in tiefster
Seele. "[29]

Am 8. April 1843 fand die Hochzeit statt, die Heinrich
mit seiner Frau in Gedanken miterlebte. Er sandte seine
„*tief empfundenste Theilnahme und Liebe*" nach
Hamburg.[30]

„*Meine Gratulazion muß sie zu derselben Zeit erhalten ha-*
ben [am 9. Mai]. - *Jetzt aber möchte ich wissen, wie es dem*
jungen Paar geht; mögen die Flitterwochen mit der nachfol-
genden Zeit nie sehr kontrastieren! […] - und ich habe mei-
ne Heurath noch nicht bereut. Das ist viel, in der jetzigen
Zeit und in Paris, wo es schlechte Ehen wimmelt; die guten
Ehen sind so rar, daß man sie in Spiritus setzen sollte. "[31]

Schon im Januar des folgenden Jahres konnte zur Ent-
bindung des ersten Enkelkindes gratuliert werden.

Im Sommer beabsichtigte Heinrich noch einmal nach
Hamburg zu reisen, wo er bereits im Jahr zuvor gewesen
war. Nun aber sollte auch seine *gute Ehehälfte* mitkom-
men. Die Reiseroute teilte er nur seiner Schwester, aber
nicht seiner Mutter mit. Sie würde sich sonst bis zu seiner Ankunft zu sehr aufregen, fürchtete er. Charlotte be-

---

29 HSA XXII, 40.
30 HSA XXII, 54.
31 HSA XXII, 61.

auftragte er, nach einer Landwohnung vor dem Dammtor für drei Monate Ausschau zu halten. Sonst wolle er
wieder für eine Weile nach Helgoland fahren und am
liebsten gleich die Schwester mitnehmen. Kurz darauf
änderte Heinrich seine Idee mit der Landwohnung, lieber eine Wohnung in der Nähe des Jungfernstiegs sollte
es nun sein. Aber auch Marie solle doch mit nach Helgoland reisen. „*Wie freu ich mich drauf Dich und die Puten
wieder zu sehen.*"[32]

Von Freunden wurde Charlotte nun gebeten, eine Soiree
zu veranstalten, bei der ihr Bruder anwesend sein sollte,
denn viele kannten Heinrich nicht persönlich, aber wollten ihn gern einmal *live* erleben. Aber Heinrich setzte
sich mit der jüngsten Tochter in eine Ecke und ver-
schwand schnell wieder, ohne von den Gästen wahrge-
nommen worden zu sein. So hatte Charlotte sich das
nicht vorgestellt und sie machte ihrem Bruder Vorwürfe;
doch dieser antwortete: „*Ja mein liebes Schwesterchen, Du
hast versäumt mich an eine Kette zu legen, mich herum zu
führen, und auszurufen, hier sehen Sie den Dichter Heine,
der den lieben Gott den Tag abstiehlt, und nur dichtet.*"[33]

Auch Charlottes Sohn Ludwig berichtet später von
Heinrichs letztem Aufenthalt in Hamburg: „*Heine nahm
seine Mahlzeiten gewöhnlich im Hause meiner Eltern ein,
und blieb dort oft die Abende im fröhlichen Geplauder bei einer Tasse Thee.* […] *Manchmal war es mir vergönnt ihn* [in
den Alsterpavillon] *begleiten zu dürfen, und dann saß er
entweder wortkarg, träumerisch in die sich kräuselnden Wel-*

---

32   HSA XXII, 116.
33   Werner I, 1973, S. 536.

130

len der Alster blickend, mit den Augen einen vorüberziehen-
den Schwan verfolgend."[34] Heine riet Ludwig, Jean Paul
zu lesen, was ihm für sein ganzes Leben Früchte tragen
würde. Außerdem riet er ihm, Charles Dickens zu lesen.

Der Hamburg-Aufenthalt verlief ansonsten nicht ganz
so wie gedacht und erhofft, denn mit Campe gab es Probleme in Bezug auf die Gesamtausgabe von Heinrichs
Werken. Zurück in Paris erfuhr Heinrich durch Charlotte von der Verschlechterung des Gesundheitszustan-
des seines Onkels Salomon. *„Was Du mir vom Alten*
schreibst ist überaus traurig. Du kannst Dir meinen Kum-
mer vorstellen. […]
Jetzt tritt aber der Fall ein, wo Du verpflichtet bist, ihm
[Maximilian] *schnell und bestimmt den Zustand unseres*
armen Onkels zu melden; sag ihm die Wahrheit. Ist Hoff-
nung da, daß er nicht zu spät kommt, die Pflichten der kind-
lichen Anhänglichkeit zu erfüllen, so wird er jetzt vielleicht
eher als sonst dorthin eilen."[35]

Kurze Zeit darauf, am 23. Dezember 1844, starb der
Onkel. Weder Max noch sonst einer der Neffen war an
sein Sterbebett geeilt. Heinrich, Gustav und Max sollten
als Erbe je 8.000 Mark Banco erhalten, was Heinrich
aus der Fassung brachte, denn er hatte auf einen größe-
ren Anteil aus dem Erbe gehofft.

„Obgleich ich auf den Fall gefaßt war, erschüttert er mich
doch so tief, wie mich seit dem Tode meines Vaters noch nichts
bewegt."[36] Doch als er dies schrieb, ahnte er noch nichts

---

34   Ebd. S. 558–559.
35   HSA XXII, 142–143.
36   HSA XXII, 149–150.

vom kleinen Erbe, er hoffte noch, bald selber wohlhabend zu sein.

Durch die unschöne Testamentsaffäre, die sich über zwei Jahre mit Cousin Carl Heine hinstreckte, verschlechterte sich Heinrichs Gesundheitszustand erheblich. Der Mutter wollte er seinen schlechten Zustand verheimlichen, seiner Schwester gegenüber war er ehrlicher. *„Der Zustand meiner Augen ist so peinlich"*, schreibt Heinrich im August 1848, *„daß ich jeden Brief, den ich eigenhändig schreibe, mit einem Tag der heftigsten Schmerzen erkaufe, und da Du um diesen Preis gewiß keine Brief von mir haben willst, so werde ich mich heute und wahrscheinlich auch künftig einer fremden Feder bedienen."*[37]

Nach der misslungenen Revolution von 1848 war Heinrich besonders deprimiert, zumal sich seine Gesundheit ständig verschlechterte. *„Hier in Paris sieht es noch immer sehr schlecht aus und es ist ein Jammer anzusehen, wie die Welt ruiniert ist. Besonders die Künstler und gar die Dichter müssen jetzt verhungern.[...] - Sehr oft steigt in mir der Wunsch auf Paris zu verlassen und mich auf immer wieder bei Euch einzupferchen oder vielmehr einzuferkeln."*[38] Ohne Ehefrau wäre er vielleicht zu seinem guten Lottchen gefahren, aber da die Gattin kein Deutsch sprach, meinte er, dass er aus diesem Grund nicht kommen könne.

„Der Gedanke mich mit meinem Haushalt nach Hamburg zu transportieren, taucht manchmal in mir auf", schreibt

---

37   HSA XXII, 288.
38   HSA XXII, 290.

Heinrich noch im Mai 1850, *„und wenn ich sicher bin, daß dieser Transport und das damit verbundene Gezippel und Gezappel meinen armen Körper nicht zu sehr gefährdet, so dürfte er wohl am Ende in Ausführung kommen.“*[39] Aber dafür war es zu spät und der Wille letztendlich nicht vorhanden.

Über seine Mutter in Hamburg äußerte sich Heinrich gegenüber Gustav dahingehend, dass sie immer noch die vernünftigste Frau sei und Lottchen vielleicht von allen Frauen die *süpportabelste* sei. Sie schreibe ihm die witzigsten Briefe und habe jüngst erzählt, wie sie sich mit Gustav in Berlin recht satt geplaudert und glücklich gefühlt habe. *„Anna* [Charlottes Tochter] *wird gewiß ein wackres Ding u. ich kann Dir nicht genug danken, lieber Gustav, daß Du soviel* für *sie thust. Sie ist mein Herzblatt, u. ich könnte weinen, wenn ich dran denke, wie wenig ich ihr von Nutzen sein kann.“*[40]

Anna schreibt kurz darauf an ihren Onkel Heinrich: *„Mutter ist sehr dick geworden, aber noch immer eine hübsche Goye, die ich mir ganz nach meinem Willen gezogen habe. Mutter ist ein Prachtstück prima Classa, hat aber in meiner Abwesenheit kleine Nücken angenommen da Lenchen* [Annas Schwester] *nebbich noch nicht emancipiert genug ihre Erziehung allein zu leiten, unter meiner Zucht gedeiht mein Lottchen schon wieder. Großmutter liebe ich sehr, die gute Frau fragt einem die Seele aus. Es wünscht Dir gute Besserung Deine*
Dich innig liebende Nichte Anna von Embden.“[41]

---

39   HSA XXIII, 41.
40   HSA XXIII, 106.
41   HSA XXVI, 304.

Ein Brief von Heinrich an seine Nichte *Anchen* lautet: *„Anbei schicke ich Dir ein Autograph, wofür Dir Dein Vater zwölf gelbe Louisd'or's auszahlen wird. Kaufe Dir dafür etwas, was Dir gefällt; indem Du mich dadurch des eigenen Einkaufes, des Verpackens und Versendens überhebst, leistest Du mir einen Dienst, wofür ich Dir danke. […] Unterdessen lebe wohl und bleibe liebreich zugethan Deinem getreuen Oheim Harry Heine."*[42]

Charlotte war für Heinrich auch eine wichtige Beschafferin von Literatur aus den Hamburger Leihbibliotheken, denn er ließ sich über sie viele Bücher nach Paris schicken. Sie ging ebenfalls zu Campe, um einige Dinge zu klären. Dieser nannte sie deshalb *eine pfiffige Katze.*

Charlotte berichtet ihrem Bruder: *„Weihnachten hat Campe viel eingebracht, überall findet man den Romancero. Stränge Deine Augen nicht an um Moritz Brief zu lesen, steht nichts drin, Kannst ihn vorlesen lassen. Die liebe Mutter ist gotlob wohl, hat guten apetit und ist eitel wie ein junges Mädchen, der Himmel erhalte sie uns noch lange Jahre."* Moritz schreibt dazu: *„Unsere Stadt wird durch die Zunahme der Vorstadt St Georg vergrößert und der Brand hat die alte Hansa zur modernen Grosstadt, leider aber mit wachsendem Luxus, gemacht."* Als letzte schreibt Anna: *„Ich gratuliere Dir vielmals zum neuen Jahr und wünsche Dir Gesundheit, viel Geld, gutes Essen guten Stuhlgang und Alles was Du Dir nur selbst wünschen kannst."*[43]

---

42   HSA XXIII, 150.
43   HSA XXVI, 369–370.

Die Respektlosigkeit der Nichte Anna ist erstaunlich und für die damalige Zeit besonders ungewöhnlich. Leider hat sie nach ihrer Eheschließung kein Buch geschrieben wie ihre Schwester Marie, es wäre sicherlich sehr amüsant geworden.

„Wenn meine Mutter nicht die abscheuliche Angewohnheit hätte, schon des Morgens vor Tagesanbruch aufzustehen, und ihre Correspondenz um 7 Uhr zu beginnen, so würde ich Dir lieber Onkel gewiß häufiger schreiben, allein ich finde stets die Briefe schon versiegelt", [44] beschwert sich Anna im April 1852. Außerdem hätte sie gern einen Brief für sich allein von ihrem berühmten Onkel, um den sie jeder beneiden würde.

Da Max nun im Anmarsch auf Hamburg war, schreibt sie weiter: *„Auf nichts bin ich so neugierig, als meinen russischen Oheim zu sehen, ich habe mir ein ganz eigenthümliches Bild, von ihm entworfen, und obwohl das Haus Heine in Wien, so ziemlich seinen Credit bei mir verloren hat, so glaube ich doch an die petersburger Liebenswürdigkeit. Die liebe Großmutter hat exprès für Onkel Max malen lassen, und obwohl sie noch gar nicht gewiß weiß, ob er kömmt, sich für seinen Allerwerthesten, die Kappen ihrer Sessel schon seit 8 Tagen abgezogen, und für ihren chaise-percée eine neue soupière angeschaft."*

Von Mathilde ausgewählt, war inzwischen ein Kleid aus Paris für Charlotte von ihrem Bruder als Geschenk angekommen. *„Das Kleid von Mutter ist gottvoll, und ihre Freude darüber war wirklich unbeschreiblich, da es so ganz nach ihrem Geschmack war. Ich bitte Dich sehr die liebe Tante Mathilde tausendmal zu küssen; die Tante Emma schreibt*

---

44   HSA XXVII, 38.

noch in jedem Brief von ihr. Wie muß sie liebenswürdig sein!"[45]

In Heinrichs Schreiben vom Juni heißt es: *„Ich sehe mit ungeduldiger Erwartung der Stunde entgegen, wo ich meinen Lieben Max wieder umarmen kann, nach so gräßlich langer Trennung."*[46] Was Max ihm als Mediziner würde sagen können, darauf war Heinrich sehr gespannt. Dass auch Gustav bald nach Hamburg kommen werde, davon war er überzeugt.

Im Juli erschien Max in Hamburg und Charlotte berichtet erfreut: *„Bald wirst Du Dein Mäxchen sehen, […] mitnehmen will er mich nicht; ich denke Du kömmst noch eher zu uns, wie ich zu Dir. Wir haben heute Mittag Hecht mit Kneidelchen* [Klößchen] *gegessen, Max und ich haben an Dich gedacht, wenn Du doch bei uns wärst, denn die Kneidelchen waren süperbe."*[47]

Nachdem Max nach Paris abgereist war, schrieb die ganze Familie zusammen einen Brief. In Annas Abschnitt heißt es: *„Wie beneide ich Onkel Max Dich zu sehen! Dich zu sprechen! Dich zu umarmen! Wenn mir jetzt plötzlich ein Wunsch gewährt würde, so würde ich ausrufen: Führet mich hin zu den göttlichen Heine. […] Lenchen vermißt Max stark, doch noch viel mehr die Jontefs* [Vergnügungen] *die er uns gemacht hat. Er und die liebe Tante werden sicher nichts anbrennen lassen, denn Max ist allwissend wenn es irgendwo ein Plaisierchen giebt. Die Tante küsse ich tausendmal, wie muss die in der Hitze schwitzen, auch in un-*

---

45 Ebd. S. 39.
46 HSA XXIII, 212.
47 HSA XXVII, 56.

serm ganzen Hause sieht man nichts als schneeweiße Hemd-
gestalten herumlaufen."[48]

Es war nämlich so warm, dass alle im Hause nur Unter-
kleider trugen.

Doch so groß die Vorfreude Heinrichs auf die Ankunft
seines Bruders auch war, so enttäuscht war er am Ende
von dessen Besuch. „*Die Abreise von Max hat mir großen*
Kummer gemacht und ich bin wie zerschlagen von Betrüb-
niß. Es ist eine große Freude sich nach so langer Trennung
wiederzusehn, aber man bezahlt dafür theuer durch den
Kummer des Abschieds. Max Hühnerdreck […] hat es
schlecht hier getroffen, da er just in die große Hitze hineinfiel
und ich, den sie entsetzlich angriff, ihm keine ganz gesunde
Stunde widmen konnte."[49]

Max war inzwischen wieder auf dem Weg zurück nach
Hamburg. Doch von dort wartete Heinrich vergebens
auf einen Brief von ihm. An die Mutter folgte ein Brief
im September, enttäuscht, von Max weiter nichts gehört
zu haben. „*Ich, der ich durch meine Kränklichkeit nicht wie*
Andre die Arme frei habe und oft in großem Strudel sitze,
ich vernachlässige dennoch nie die geringste Kleinigkeit; und
so ein gesunder Faulpelz, der nur mit seiner Selbstpflege be-
schäftigt ist, handelt leichtfertig, wie ein Poet es kaum
dürfte."[50]

Wegen der Geschichte mit Campe um die Herausgabe
des Romanzero vor eineinhalb Jahren und der unpassen-
den Einmischung der Brüder in die Geschäfte zwischen

---

48 HSA XXVII, 59.
49 HSA XXIII, 216.
50 HSA XXIII, 247.

Heinrich und seinem Verleger heißt es weiter sehr nachsichtig in dem Brief: *„Wie ich durch Gustavs unpassendes Gerede mit Campe in Verwirrung gerathen, werdet Ihr vielleicht von Max erfahren haben; da Gustav mein Bruder ist und jedenfalls durch zu großen Eifer für mich eine Verkehrtheit beging, so werde ich wahrlich der letzte sein, der ihm deshalb gram sein dürfte; er mag über mich räsonniren so viel er will, sogar über meine Frau, wie mir Max sagt, er mag seinem Naturell des Verhetzens immerhin folgen, da ich solches immer gekannt habe und ihm schon seit vierzig Jahren verziehen, so bleibt er mir immer ein lieber Bruder, dessen Eigenschaften ich um so mehr schätze. Und es ist nicht zu leugnen, daß er auch gute Eigenschaften hat. Ich kenne ihn durch und durch, und ich kenne genau den Stammbaum seiner Fehler. Er ist nicht der erste seiner Art. Die Censur erlaubt mir nicht, mehr zu sagen.“*[51]

Nach Weihnachten meldete sich Anna wieder bei dem geliebten Onkel, um ihm Glückwünsche zum neuen Jahr zu senden. Sie habe schon oft geschrieben, aber dann die Briefe vernichtet. *„Da Du über alle Beide* [Gustav und Max] *so erhaben, wirst deiner respectlosen, ungezogenen, aber dich über alle Maaßen liebenden Nichte, gewiß nicht böse sein, daß sie dich mit keiner ceremoniellen Gratulation seekrank macht.“*[52]

Charlotte, die inzwischen mit der Familie beim Gänsemarkt lebte, berichtet ihrem Bruder im April nach Paris: *„Von Max habe ich gestern Brief gehabt, lebt sehr vergnügt, und Gustav zankt sich jeden Augenblick, in sein Blatt. Wir*

---

51   Ebd. S. 247–248.
52   HSA XXVII, 80–81.

bekommen es Täglich, und für Mutter giebt es kein interessanteres Blatt; da ist keine anonse die sie nicht ließt."[53]

In einem weiteren Brief des Monats April schreibt Charlotte: *„Die liebe Mutter hat herausgefunden, das himmelblau sie besser kleidet als gelb. Das nenne ich Genuß von seinem Alter haben. Dieser Tage werde ich von unserm Pedanten Max seine Reise Briefe erhalten, er schreibt mir, das Buch, macht große sensacion. Ich muß unwillkürlich lachen, wenn ich daran denke, wie Gustav sich mit mir gezankt hat, Max ihm seine Titel vorzählte und Gustav ihm antwortete: Ach was, ich hab die Mittel und scheiß Dir auf die Tittel. Das in Gegenwart Annas und Lenchens. Max war sprachlos. Es gibt Zenen im Leben, die kann man nicht vergessen.*"[54]

Über ihre Mutter schreibt Charlotte etwas später wieder: *„ - Eine Frau von 82 Jahren, der liebe Gott erhalte sie uns, und wenn ich Dir sage daß sie noch so eitel ist, daß sie auf ihre Mütze* [Haube] *einen Aufputz haben will, wie Anna unter ihrem Huth hat, weil den, den sie hat, sie zu alt macht, so wirst Du es kaum glauben, und mich deshalb in aller Eile rufen läßt.*"[55] Im Gegensatz zu ihrem verstorbenen Mann, der im Modehandel tätig gewesen war und immer an der alten Zopfmode festgehalten hatte, war Peira also selbst im hohen Alter eine Frau mit viel Sinn für Mode.

Für die Behörde sollten wieder offizielle Formulare für die Familienmitglieder ausgefüllt werden, auch für

53   HSA XXVII, 97.
54   HSA XXVII, 101–102.
55   HSA XXVII, 110.

Heinrich und seine Frau in Paris. Dazu bemerkt Heinrich: *„Was das Datum meiner Geburt betrifft, so bemerke ich Dir daß ich laut meinem Taufschein am 13. Dezember 1799 geboren bin.*"[56] Das alternde Gedächtnis seiner Mutter könne keine verlorengegangenen Papiere ersetzen. Die Behauptung Heinrichs, seine Schwester sei wohl jünger als gedacht, ist schon merkwürdig und bezieht sich wohl auf die falschen Angaben zu den Geburtsdaten, als die Geschwister nach Lüneburg zogen und jünger gemacht wurden, als sie waren. Daraufhin wurde dann das zu Beginn erwähnte Formular mit dem falschen Datum von der Mutter unterschrieben, das heute im Heine-Institut zu finden ist.

Etwas später im Brief kommt Heinrich wieder auf die unangenehme Geschichte mit Campe zu sprechen: *„Übrigens haben wirklich meine Brüder zu einem Wirrniß beigetragen, das zwischen mir und Campe besteht u. nun einmal nicht zu ändern ist.* Übrigens hat M*ax noch weit mehr Schuld als Gustav, da er in seinem Egoismus sich nicht einmal die Mühe gegeben hatte die Briefe ordentlich zu lesen, worin ich ihm in Bezug auf Campe die bündigste Instruction gab; er hätte demselben, wenn auch nicht im Bezug auf die Geldsumme, doch im Bezug auf andre Interessen, die für Campe Geldeswerth hatten, Conzessionen machen können, u. die Sache war ganz einfach. Statt dessen predigt mir der Narr, mich blind auf Campes Freundschaft zu verlassen, und will mir einreden, ich hätte nicht nöthig, so sehr auf Geld zu sehen und sollte mich also vor wie nach scheren lassen. Ich habe ihm auch nicht geschrieben, seit er in Rußland*

---

56 HSA XXIII, 289. Man geht aber von 1797 als seinem Geburtsjahr aus.

angekommen, weil, wenn ich schreibe, mir vielleicht eine
Bitterkeit entschlüpfen könnte u. in solchen Fällen Schweigen
am besten ist. "[57]

Charlotte war inzwischen wieder bei Campe gewesen:
„Campe behauptet, er hätte Dir 2 Cataloge geschickt, von ei-
nem Bücher Verzeichniß von Dir, kann er sich nicht entsin-
nen, das As ist roth bis über die Ohren geworden, als er das
behauptete, die paar Schillinge Unkosten, wäre ja gar keinen
Gegenstand, sagte ich zu ihm. Er war sehr verlegen. "[58]
Das Buch Heinrichs, Der Romanzero, hatte inzwischen
seine 4. Auflage erreicht. Insgesamt hatte Campe 21.000
Exemplare drucken lassen und damit gut Geld verdient.

Für August hatte sich Gustav erneut in Hamburg
angemeldet. Auf den Besuch wartete Charlotte, und in
einem Brief bemerkte sie, dass sie so stark geworden sei.
Das sei das Los aller alten Frauen, aber nicht bequem.
In jenem Sommer 1853 reiste Charlottes Tochter Marie
nach Paris und besuchte kurz ihren kranken Onkel. Von
dort aus fuhr sie weiter nach London, wo sie im folgenden Jahr heiratete.

„Viel geliebter Onkel!", schreibt Nichte Anna wieder nach
Paris. *„Ich bin noch so verdummt, verstummt und verstei-*
nert, über so ein großes Present, daß ich garnicht weiß, wie
ich Dir danken soll! Du mußt ein wahrer aber sehr char-
manter Hexenmeister sein, denn eine Balleinladung, keine
neue Toilette und Dein so ganz unerwarteter Brief, kamen
auf einem Male. "[59] Mit Gustav und Max korrespondierte

57   HSA XXIII, 289–291.
58   HSA XXVII, 125.
59   HSA XXVII, 133.

sie auch fleißig und berichtete ihrem Onkel in Paris über die Dienstbotengeschichten von Gustav und die Selbstdarstellungsgeschichten von Maximilian.

Im Herbst ließ Charlotte in Paris fragen, ob Max den versprochenen russischen Pelzmantel Mathilde geschickt habe, was wohl nicht der Fall war. *„Wir sprechen sehr oft von Dir* [Heinrich] *und meine Kinder machen Vergleiche zwischen Dir und Gustav et Max, daß man sich krank lachen muß, Du stehst sehr hoch bei Ihnen angeschrieben und Ludwig schwärmt für seine Tante Mathilde.* [Bei dem letzten Besuch Heinrichs mit Gattin in Hamburg 1844 hatte er sie kennengelernt.] *Ich sage Dir es ist gefährlich wenn er mal nach Paris kömmt. Die liebe Mutter ist gottlob wohl, wir besuchen sie täglich, sie hat ein Büchelchen worin sie anschreibt, wenn sie Stuhlgang gehabt hat, Anna weiß es immer aufzufinden, und schreibt ihr dem Inhalt gemäß, ein Verschen darin. Das Lachen nimmt kein Ende, wenn Mutter es findet, sie ist unerschöpflich in derartigen Verse. Nun habe ich genug Stuß geschrieben wir lassen Dich alle herzlich grüßen."*[60]

Über die Tochter Marie musste Charlotte sich leider ständig ärgern. Nicht nur, dass sie viel zu selten schrieb, sie gab ihrer Meinung nach viel zu viel Geld für unnötige Dinge aus. Zum Glück seien ihre anderen Kinder sehr viel vernünftiger im Geldausgeben. Sie seien sogar sehr sparsam. Ärgerlich fand sie auch, dass Max der Mutter vom schlechten Gesundheitszustand Heinrichs berichtet hatte, obwohl alle es vermieden hatten, die Mutter dahingehend aufzuklären.

---

60 HSA XXVII, 137.

Zum Jahresende 1853 schreibt Anna: *„Was sagst Du lieber Onkel daß Lenchen in London ist. [...] Oes* [der Spitzname für Charlotte] *gedeiht unter meiner alleinigen Pflege sehr gut, ist aber so dick geworden, daß Onkel Gustav eine Tanne gegen sie ist, ihre Strumpfbänder sind mir um die Taille zu weit, dabei sieht Ös immer noch wunderhübsch aus, und würde mich umbringen, wenn man nur ein einziges weißes Haar auf ihrem Kopfe fände. Natürlich muß ich jeden Morgen nachsehen, wobei ich aber immer so viel dummes Zeug mach, daß Mutter garnicht aus dem Lachen kommt.*"[61]

„So eben mußte ich meinen Brief unterbrechen", schreibt Anna, die wenig Respekt ihrer Mutter gegenüber zeigt, wie eigentlich damals üblich war, *„da ich ganz eiligst von Mutter hinuntergerufen wurde. Sie zeigt mir den Kronleuchter mit der Bemerkung ob er nicht hin und her tanze. Ich staune sie verwundert an, sehe aber an ihrer erhöhten Gesichtsfarbe, daß Ös heimlich kalten Punsch geschickert hat. Vor Lachen konnte ich nicht sprechen, Ös schämte sich, und stimmte herzlich in mein Gelächter ein, daß ich mein Lottchen jedesmal noch attrapire [erwische]. Ueber Lottchens Aufführung kann ich im Grunde genommen nicht klagen, es hat nebbich gar keinen eigenen Willen, und thut Alles was ich will.*"[62]

Im Juli 1854 schon gab es die beängstigende Neuigkeit, dass *„die Hamburger todt vor Schreck seien, des Krieges halber.*"[63] Was war passiert? Der Krimkrieg war ausgebrochen, in dem sich die Truppen des Zaren Nikolaus I. und Napoleons III. gegenüberstanden. Im folgenden

---

61   HSA XXVII, 146.
62   HSA XXVII, 160.
63   HSA XXVII, 119.

Jahr griffen die Westmächte ein, aber erst 1856 sollte es zu einem Frieden in Paris kommen.

Pack schlägt sich, Pack verträgt sich, war die Meinung Heinrichs Mutter den Krimkrieg betreffend, denn darüber wurde in den Zeitungen ausgiebig berichtet. Die Mutter machte sich aber mehr Sorgen um die Gesundheit ihres Sohnes, da in St. Petersburg die Cholera ausgebrochen war. *Von Poletick* wollte sie nichts mehr hören.

Charlotte, deren Tochter Marie nun eine zweite Ehe eingehen wollte, bat ihren Bruder um eine Auskunft, den zukünftigen Schwiegersohn della Rocca aus Neapel betreffend. Dieser italienische Prinz wollte ihre noch nicht geschiedene Tochter Marie heiraten. Um die Scheidungsangelegenheit sollte sich die Mutter kümmern, derweil Marie nach Ostende zu reisen beabsichtigte. Doch der erste Ehemann starb, bevor die Ehe geschieden wurde. Der Prinz sollte sich seit einem Jahr bereits in London aufhalten. Aber ob Heinrich in dieser Angelegenheit etwas herausfand, ist fraglich. Jedenfalls wurde 1854 in London die Hochzeit von Marie mit dem Prinzen gefeiert.

Obwohl Charlotte nicht nach London reisen wollte, erhielten sie und die Töchter von ihrem Bruder und Mathilde aus Paris schöne Kleider geschickt. *„Eben erhalte ich die Kleider und bin erstaunt über den feinen passenden und schönen Geschmack, der lieben Mathilde, ich sage Dir vielen vielen Dank, und kann Dich nur ausschelten daß Du ein Verbringer* [Verschwender] *bist, obgleich es mir großes Ver-*

144

gnügen macht, und da Du es einmal ausgegeben hast, mir viele Freude macht, ein Beweis daß Du an uns denkst. "[64]

Die Mutter Peira gratulierte ihrem Sohn Heinrich zum „Prinzlichen Neven". Zur Hochzeit war von der Hamburger Familie nur Lenchen in London anwesend, die einige Monate zur Pflege ihrer kränkelnden Schwester dort verbracht hatte. Das Ereignis der großen Hochzeit stand in allen Zeitungen.

„*Lieber Hary*", schreibt Charlotte im November 1854, „[…] *Dein Buch wird sehr gelobt* [Vermischte Schriften I-III], *das einige tadlen, ist natürlich, der referain ist von allen, daß Du unsterblich bist.*" Annas Kommentar ist: „*Deine Werke zu lesen, sie wieder zu lesen, und wiederzulesen, ist für mich der größte geistige Genuß! Fast alle Deine früheren Gedichte, sind schon von mir parodiert worden.*" Und weiter heißt es: „*Meine Mutter sieht für ihr Alter bildschön aus, schneidet noch gewaltig Schnütchen, und kann noch mit allen 3 Söchen* [Töchtern] *conkurieren, nur fängt Ös an ein Bischen chrusch* [schwerhörig] *zu werden, und wenn sie nichts verstanden hat, sagt sie : wir schnubbeln* [nuscheln]. *Gustav leidet an demselben Gebreste und als Beide mit tauben Ohren nach den gegen sich verkehrenden Seiten saßen, hörten wir nichts als wa? und wie? Endlich tauschten sie unter schallendem Gelächter die Plätze und nun hörten sie besser. Ein Unglück der Bruder rechts und die Schwester links chrusch, wer schnubbelte da am meisten!*"[65]

---

64   HSA XXVII, 196.
65   HSA XXVII, 254–255.

„*Es sind jetzt fast 6 Wochen, daß ich keinen Brief von Euch erhalten habe*", beklagt sich Heinrich später im neuen Jahr gegenüber seiner Mutter. Dieser Winter war besonders kalt, auch in Paris. Aber nach überstandener Erkältung kann er seiner Mutter die neue Ausgabe seiner Schriften ankündigen, „De l'Allemagne" werden sie heißen.[66]

„*Campes Liebe zu Dir, kömmt mir eppes verdächtig vor*", meint Charlotte im Brief vom April 1855, „*das As hat mir nicht mal sagen lassen daß es abreißt; meidet mich wie die Pest. [...] Mutter kömmt vor Neugirde um. Mutter findet ich sehe in meinem neuen Huthe wie 18 Jahr aus, und der ihrige macht sie alt, diß sagt mir eine 82 jährige Frau. Es haben unter ihrem Huth noch einige Blümchen angebracht werden müssen, wie gefällt Dir das?*"[67] Und weiter berichtet sie, dass Gustav vielleicht im Juni nach Paris kommen werde. Schlauerweise hatten die Töchter Gustav von den Hutgeschenken aus Paris erzählt, der daraufhin ihnen ein Dutzend Handschuhe schickte, dazu 20 Taler für Opernkarten.

Einen Monat später schrieb Gustav nach Hamburg, dass er im Juli nach Paris reisen wolle. Da seine Frau wieder schwanger war, wollte er aber nur kurz bleiben. Allerdings äußerte er gegenüber Heinrich, dass er Lottchen mit nach Paris bringen würde.

Wegen der bevorstehenden Geburt in Wien war die Reise dann aber auf den September verschoben worden.

---

66   HSA XXIII, 412.
67   HSA XXVII, 303.

Die alte Mutter bedauerte, nicht selber mitreisen zu können. Bislang hatte aber die Hamburger Verwandtschaft Charlotte von der Reise nach Paris zu ihrem kranken Bruder abgeraten, sie solle sich den traurigen Anblick ersparen; aber sie konnte und wollte den Bitten ihres Bruders nicht länger widerstehen. Seit 1844 hatte sie ihn nicht mehr gesehen.

Im Oktober wartete Heinrich immer noch auf die *Mistpoche* (Mischpoche=Verwandtschaft) aus Hamburg, die aber unterwegs sein sollte, doch sicher war er sich dessen nicht. Lottchens Bett sei schon gemacht, denn sie sollte nicht im Hotel schlafen, sondern dicht beim Bruder bleiben. Heinrich hatte Gustav bereits gratuliert zu seiner neuen Schöpfung (Sohn), er sei es, der die Heine'sche Linie fortsetze. Auch dankte er Gustav für die Ehre, seinem Sohn seinen Namen gegeben zu haben.

Endlich waren beide Reisenden in Paris angekommen.

Um so lange wie möglich bei ihm sein zu können, wohnte Charlotte auf Heinrichs Wunsch mit in seiner Wohnung. Sicherlich war die Begegnung mit dem kranken, abgemagerten Bruder zunächst nicht einfach zu ertragen. Allerdings hatte Gustav sie während der Fahrt darauf vorbereitet. Vermutlich hat Charlotte in den folgenden Wochen wenig von der Stadt Paris gesehen, die so aufregend sein konnte mit ihren neuen breiten Boulevards, den prachtvollen Bauten, den vielen schönen Geschäften, Cafés und Restaurants.

In den letzten Pariser Wochen ihres Aufenthalts – Gustav war schon nach zwei Wochen abgereist – sprach sie oft mit ihrem Bruder über vergangene Zeiten. *Dies waren die letzten frohen Augenblicke,* erklärte sie ihrer Tochter. *Lottchen, wir werden uns nicht wiedersehen,* seufzte Heinrich. Konnte Charlotte da einfach abreisen?

Zurück in Hamburg berichtete sie ihrem Sohn Ludwig über ihren Besuch, der die Geschichte aufschrieb: *„Seine Freude mich wiederzusehen, war unbeschreiblich, und durfte ich außer der Tischzeit sein Bett bis Abends spät nicht verlassen. Nach den bisherigen Berichten, welche ich über die Krankheit meines Bruders erfahren, fürchtete ich, daß der erste Anblick seiner Leiden mich tief erschüttern würde, aber da ich nur den Kopf sah, welcher, von wunderbarer verklärter Schönheit, mich anlächelte, konnte ich mich ganz der ersten Freude des Wiedersehens hingeben. – Als jedoch gegen Nachmittag die Wärterin meinen Bruder auf den Armen nach einer Chaise longue trug, um das Bett aufzumachen, und ich den zusammengeschrumpften Körper, an dem die Beine leblos herabhingen, erblickte, mußte ich alle meine Kräfte zusammennehmen, um ruhig den schrecklichen Anblick zu ertragen."*[68]

In den schmerzfreien Momenten war eine entspannte und fröhliche Unterhaltung gut möglich. Sogar gelacht wurde viel, auch Mathilde lachte mit, obwohl sie nichts verstanden hatte, denn Deutsch konnte sie immer noch nicht. Gustav hatte die Heirat seines Bruders immer scharf verurteilt, und da er nicht Französisch sprach, konnte er sich nicht mit Mathilde unterhalten. Sie hielt nun Gustavs Zurückhaltung für unhöflich, so dass

---

[68] Werner II, 1973, S. 453.

Charlotte ständig am Dolmetschen war. Charlotte war sogar froh, als Gustav wieder abreiste.

Sie blieb noch einige Zeit bei ihrem Bruder, erhielt dann aber die Nachricht von der Erkrankung eines ihrer Kinder und beschloss abzureisen. Sie versprach im Frühjahr wiederzukommen, doch dann war es bereits zu spät. Ihr Bruder war im Februar gestorben. Enttäuscht war Charlotte, als sie am Tag der Abreise das Gedicht, das ihr Bruder ihr zum Abschied geschrieben hatte, nicht mehr vorfand, denn das Hausmädchen hatte mit dem Papierstück das Feuer im Kamin angezündet.[69]

Korrespondenz der Geschwister nach dem Tod Heinrichs ist nicht mehr vorhanden, diese endet mit seinem Tod, auch die mit den Geschwistern Max und Gustav untereinander. Ob es noch weitere unveröffentlichte Briefe zwischen ihnen gibt, ist mir nicht bekannt.

Charlottes Ehemann Moritz von Embden starb 1866. Er hatte in seinem Testament von 1859 seine Frau als Universalerbin eingesetzt. Die Töchter hatten Geld zur Hochzeit bekommen und sollten danach nichts weiter erben.[70]

Die Straße Esplanade, wo Charlotte ab 1872 wohnte, war damals eine Prachtstraße, ähnlich gebaut wie ein Pariser Boulevard von 49 Metern Breite und mit einer Viererreihe Linden in der Mitte. Der Architekt Ludwig Wimmel hatte verschiedene elegante Häuser, im Stil

---

69 Werner II, 1973, S. 456.
70 StAHbg, 232-3, Testamentsbehörden, H 2267.

nach Londoner Vorbild, nebeneinander gebaut. Einige Häuser hatten Halbsäulen, vergoldete Eisengitter am Balkon der Beletage. In einem dieser Gebäude mit Säulen wohnte Charlotte mit ihrem Sohn und mit Personal im Parterre. Allerdings war hier bereits 1870 ihr „Schwager" (Ehemann ihrer Cousine) Christian Morris Oppenheimer, wohlhabender Schwiegersohn von Salomon Heine, eingezogen. Er war nun zwei Jahre später ein alter Herr von 84 Jahren und schon lange verwitwet. Kurz bevor Charlotte ebenfalls zu ihm ins Haus zog, hatte er sein viertes Testament aufsetzen lassen, was bedeuten kann, dass es ihm zu jener Zeit gesundheitlich schlecht ging und er froh war, dass Charlotte mit Sohn zu ihm zog.[71] Allein hätte sie sich die große Wohnung sicherlich nicht leisten können. In ihrem Testament von 1868 schreibt Charlotte nämlich: „….da mein lieber Sohn Ludwig Heinrich bei Lebzeiten seines Vaters und nach dessen Tode zur Erhaltung unseres Hausstandes bei Weitem mehr verausgabt hat, als mein ganzer Nachlaß beträgt."[72] Sie hatte ein Jahr vor dem Tod ihres Mannes von Salomon Heines Sohn Carl eine Summe von 18.500 Mark Banco erhalten, von der sie dann lebte. Es scheint, dass ihr Sohn kein sonderlich erfolgreicher Kaufmann wurde.

Christian Morris Oppenheimer starb 1877, so dass Charlotte dann die Wohnung mit Sohn und verwitweter Tochter aus Berlin *en famille* weiterbewohnen konnte. Inzwischen erhielt sie über eine Lebensversicherung, genannt Tontine, genug Geld, um sich den Luxus der Es-

---

71   Ebd. H 6143.
72   Ebd. H 19871.

planade leisten zu können, und sicherlich konnte auch ihre Tochter zu den Lebenskosten etwas beisteuern.[73]

Der Embden'sche Salon an der Esplanade wurde bald ein beliebter Treffpunkt für Persönlichkeiten aus Künstlerkreisen, für Literaten und Musiker. Charlotte, von manchen später sogar als *Salonière* bezeichnet, was aber wohl nicht zutrifft, stand als charmante Gastgeberin ganz im gesellschaftlichen Mittelpunkt, und nach dem Tod des berühmten Bruders in Paris im Februar 1856 galt sie als seine Vermittlerin und einzige enge Verwandte des Dichters, die man ehrfurchtsvoll aufsuchte.

Maria, Principessa della Rocca, schrieb über ihre Mutter, als diese bereits im 79. Lebensjahr war, dass sie so rüstig und lebhaft sei wie eine 50-Jährige. Sie habe Heinrichs Geist geerbt und man möchte ihr immer zuhören, wenn sie über ihren geliebten Bruder spreche.

Bei Charlotte im Hause wurden dann viele Personen aus verschiedenen Ländern vorstellig, um nach Autographen von Heinrich zu fragen. Doch dieser Vorrat ging langsam zu Ende. Ihr Sohn besaß noch 120 Briefe, die er aber nicht veröffentlichen wollte. Um aber den Bitten aller zu genügen, sah sich Charlotte genötigt, Fragmente von Heinrichs Manuskripten herzugeben, die ihr Sohn unterzeichnete, um deren Echtheit zu bestätigen. Manchmal waren es nur einzelne Zeilen aus dem „Wintermärchen", die heute mühsam auf Auktionen zurückersteigert werden.

---

73   StAHbg, 613-3/91, Versicherungen und Hilfskassen, II B 4.

Eine sehr viel jüngere Frau als Charlotte besuchte die alte Witwe Embden wohl recht oft in den letzten Jahren an der Esplanade. Sie hieß Johanna Manheimer und erzählte in ihren späteren Aufzeichnungen, dass die Stunden mit Charlotte zu ihren schönsten Erinnerungen gehörten. Sie berichtet, dass Charlotte noch mit 97 Jahren jeden Donnerstag von zwölf bis zwei Uhr Gäste empfangen habe, oft berühmte Persönlichkeiten, die auf der Durchreise waren. Johanna Manheimer schreibt: *„Ich empfand jedesmal ein Glücksgefühl, dieser unglaublich geistig frischen Frau gegenüberzusitzen und mit ihr plaudern zu können. Vor ihr auf dem Tische stand ein großes Bild der Kaiserin Elisabeth von Österreich, die sie einmal besucht hatte und ihr nachher dieses Bild mit Unterschrift gesandt hatte."*

Eine von Charlottes Töchtern hatte Frau Manheimer den Besuch der Kaiserin geschildert, die über das Erlebnis dann berichtet: *„Eines Tages kamen zwei österreichische Herren zu Ihr, und eröffneten ihr, dass die Kaiserin von Österreich Charlotte Embden besuchen wollte. Sie machten sie auf das höfische Zeremoniell aufmerksam, sie müsse eine Verbeugung vor der Kaiserin machen, ‚mit der Nasenspitzen fast bis an die Erd'. Dann entfernten sich die Herren ohne den Zeitpunkt des Besuches anzugeben. Die Tochter von Charlotte Embden* [Helene]*, die auch schon eine alte weißhaarige Dame war, übte diese Verbeugung bis ihr die Knochen wehtaten. Aber die Kaiserin erschien in den nächsten Tagen nicht. Nach einiger Zeit, als sie garnicht mehr an den Besuch dachten, meldeten sich ganz früh um zehn Uhr, zwei einfach gekleidete Damen. Die Tochter empfing sie, und als sie von ihnen hörte, sie wollten Charlotte Embden sprechen, sagte die Tochter. ‚Meine Mutter ist so früh noch nicht emp-*

fangsfähig'. Darauf antworte die eine der Damen, in ziem-
lich hochmüthigem Ton, ‚ich möchte Charlotte Embden spre-
chen, ich bin die Kaiserin von Österreich'. Der Schreck fuhr
der alten Dame in die Glieder, sie ließ die Kaiserin mit ihrer
Hofdame in das Empfangszimmer und sagte, ihre Mutter
würde gleich erscheinen. Nun erzählte die Tochter, mit welch
unglaublicher Schnelligkeit Charlotte Embden sich anzog,
und in ihrer Aufregung statt der Flasche Kölnisch Wasser, die
Flasche Franz Branntwein erwischte, und damit den neuen
Morgenrock begoss. Sie duftete aber davon anders als nach
Kölnisch Wasser, aber sie musste schnell herein zur Kaiserin.
Als sie hereintrat kam ihr die Kaiserin mit ausgestreckten
Händen entgegen und führte sie liebevoll an ihren Sessel und
ließ Charlotte Embden erst niedersetzen, ehe sie sich ihr ge-
genüber setzte."

Die Kaiserin hatte nun viele Fragen, die Charlotte bis
zur Ermüdung beantwortete. Dann ließ sie ihren Sohn
kommen, der ein Buch über seinen Onkel verfasst hatte,
und bat, ihn weiter befragen zu dürfen. Danach verab-
schiedete sich die Kaiserin und umarmte Charlotte sogar. Diese soll danach noch lange vor Erregung gezittert
haben. Einige Tage später erhielt sie von der Kaiserin ein
Porträt als Foto und Ludwig von Embden erhielt sogar
ein Schreiben mit der Ernennung zum Baron.

Johanna Manheimer erbte ein besonderes Andenken
von Charlotte: Heinrich Heine hatte einst seiner
Schwester aus Paris eine schöne Brosche geschickt. Sie
bestand aus Achatkugeln und goldenen Blättern. Damit
hatte Johanna Manheimer ein eigenartiges Erlebnis. Als
sie die Brosche einmal zu einem bekannten Juwelier
brachte, sagte sie: *„Seien Sie recht vorsichtig'. Er fiel mir ins*

Wort und sagte , ich weiß schon, sie stammt von Heinrich
Heine.' Er klärte mein Erstaunen folgendermaßen auf. Als
er in Hamburg in der Lehre bei einem Goldschmied war,
kam eine alte Dame mit dieser Brosche zur Reparatur und
sagte ,seien Sie recht vorsichtig damit, sie stammt von Hein-
rich Heine, der mein Bruder ist.' Da dieser Schmuck in Form
und Material sehr eigenartig ist, habe ich ihn sofort
wiedererkannt. "[74]

Noch im hohen Alter wurde Charlotte von der Berliner
Malerin Cilly Bernstein porträtiert. Das Gemälde befindet sich heute im Museum für Hamburgische Geschichte. Eine weitere Porträtstudie fertigte der Maler Willy
Grétor, die er der Hamburger Kunsthalle zum Kauf an-
bot, doch kam der Ankauf nicht zustande.

Da Charlotte außergewöhnlich alt wurde, konnte sie
lange von ihrer Hamburger Versorgungstontine (Lebensversicherung) profitieren, denn diese schüttete mit
jedem Jahr mehr Geld an ihre letzten lebenden Aktionä-
re aus. Schon kurz nach der Hochzeit hatte Moritz eine
Aktie der 2. Klasse erworben und 32 Jahre lang Geld
eingezahlt. 1891 erhielt Charlotte auf die Aktie 1.413 M
ausgezahlt. Ein Jahr später waren es bereits 1.952 M.
Die letzte Auszahlung von 1895, wobei die Reste des
vorhandenen Kapitals der Tontine auf die wenigen noch
lebenden Personen aufgeteilt wurde, betrug 61.139 M.
Das war eine ausgezeichnete Rente für die letzten
Lebensjahre.[75]

---

74 Johanna Manheimer siehe Leo Beck Institut, Ar 5008, hh
    120,S. 12–13. Ich bedanke mich bei Wiebke Müller vom
    Hamburg-Museum für diesen Hinweis.
75 StAHbg, 613-3/91, Versicherungen und Hilfskassen, II B 4.

Charlotte starb hochbetagt am 14. Oktober 1899. Sie war nach dem Todesregister im Staatsarchiv im Oktober 1800 geboren. Nicht 1804, wie ihre Mutter noch kurz vor ihrem Tod bezeugt hatte.

Tausende Trauergäste standen an der Esplanade und warteten vor dem Trauerhaus, war in der Zeitung zu lesen. Im Haus standen an jeder Seite: „Fünf mit Flor behangene Säulen, jede mit fünfarmigen silbernen Kandelabern besetzt. Im Hintergrund ein Wald von Palmen und in der Nähe die Leiche aufgebahrt, der Sarg mit zahllosen Kränzen bedeckt, so dass nur die Blumen dem Auge sichtbar waren."[76]

Charlotte wurde auf dem jüdischen Friedhof Ottensen beerdigt, wo schon ihr Ehemann bestattet worden war. Allerdings steht ihr gemeinsamer Grabstein heute auf dem Friedhof Bornkampsweg im Norden von Altona, denn der Ottenser Friedhof wurde während der Naziherrschaft vollständig geräumt. Ihr Vater Samson war an der Königsstraße und ihre Mutter war am Grindel beerdigt worden. Dieser Grabstein ist noch im Original in Ohlsdorf an der Ilandkoppel zu sehen, während der Originalstein von Samson Heine verschwunden ist. Doch wurde gegen Ende des 19. Jahrhunderts ein neuer Stein für ihn aufgestellt. Dieser war zweimal umgestürzt und wurde erst 2014 wieder entdeckt, restauriert und aufgestellt.

An dem Haus in der Esplanade wurde nach Charlottes Tod links vom Eingang eine Gedenktafel angebracht

76   Siehe Kohut, 1900, S. 427–428.

mit der bemerkenswerten Inschrift *„Dem Dichter, dem Kämpfer, dem Mahner – in diesem Hause weilte Heinrich Heine häufig bei seiner Schwester Charlotte Embden."* Nur: Hier an der Esplanade hatte Heinrich nie geweilt, denn als seine Schwester sieben Jahre nach dem Tod ihres Mannes hier einzog, war Heinrich schon siebzehn Jahre tot. Das schöne Haus musste 1958 bereits einem Hochhausneubau weichen. Nur das kleinere Nachbarhaus ist heute noch zu bewundern. Das Relief von Heinrich Heine wurde abgenommen und vor dem Haus des Verlages von Hoffmann & Campe an der Außenalster am Harvestehuder Weg wieder angebracht.

Die Nachkommen der Geschwister

Über die Stiefkinder von Maximilian, das waren Nicolai, Theodor, Marie und Robert, ist nahezu nichts bekannt. Nur von Nicolai weiß man, dass er Leutnant und später Beamter wurde, Robert verstarb bereits 1872. Vermutlich blieben die Kinder bei der Mutter in St. Petersburg, als Max nach Berlin zog.

Gustav dagegen hatte einige Nachkommen, sogar noch heute lebende Urenkel in Wien. Auch Charlotte hatte Nachkommen. Aus der italienischen Linie gibt es heute noch bekannte Urenkel.

Die erste Tochter Charlottes, Maria von Embden, war in erster Ehe mit Honoré de Vos oder Voß verheiratet. Zwei Kinder gab es aus dieser Ehe, Paul und Isabella. Bevor die Scheidung rechtskräftig wurde, verstarb ihr Gatte. Noch im selben Jahr 1854 heiratete sie in London den Prinzen Michele Cito Filomarino Principe della Rocca d'Aspro, dessen vollständiger Titel noch um einiges länger ist.[1] Maria nannte sich fortan Maria Embden-Heine, Principessa della Rocca. Sie starb in

---

1   Principe di Rocca d'Aspro, Principe di Mesagne, Duca di Perdifumo, Marchese di Torrecuso, Marchese di Torrepalazzo, Marchese di Capurso, Marchese di San Chirico, Marchese di Ceglie, Conte di Castello e Patrizio Napoletano.

Neapel am 8.5.1908. Aus dieser Beziehung gingen drei Kinder hervor. Die Söhne waren Don Carlo und Don Luigi, Fürst Bitetto, der Corvettenkapitän bei der italienischen Marine und später Senator im Königreich Italien wurde. Deren Schwester Donna Luisa heiratete Gabriel d'Estradère Mesage. Die jüngsten Nachkommen aus dieser Linie sind Don Emanuele geb. 1984 und Don Ferdinando geb. 1986.

Der Sohn Charlottes, Ludwig Heinrich von Embden, wurde von der Österreichischen Kaiserin Elisabeth, genannt Sisi, baronisiert, heiratete aber nie. Er hatte bereits 1884 ein Buch über seinen Onkel veröffentlicht: Heinrich Heines Familienleben (Neuauflage 2012). Seine Mutter setzte ihn als ihren Universalerben ein. Er wurde Verwalter des Erbes seines Onkels in Paris. Zuletzt wohnte er in der Schlüterstraße gegenüber der heutigen Universitätsbibliothek, der StaBi.

Anna Catharina lebte später mit ihrem Ehemann, dem Großindustriellen Adolf Italiener, in London. Über Kinder ist nichts bekannt.

Helene Therese heiratete den Berliner Kaufmann Wilhelm Hirsch. Sie lebten in Charlottenburg. Eine ihrer Nachkommen, ihre Tochter Charlotte, heiratete einen Herrn Buttermilch. Tochter Mathilde heiratete Heinrich Salomon. Eine weitere Tochter, Alice, wuchs bei den Großeltern auf. Sie heiratete Julius Born. Die Tochter aus dieser Ehe war Erna verheiratete Kochmann. 1936 erhielt jene Erna Kochmann in Berlin Besuch von einem Journalisten der „Central Verein Zeitung". Er berichtet von einem Brief der Tochter von Kaiserin Sisi, Gisela

Prinzessin von Baiern: „Verehrte gnädige Frau! Verzeihen Sie, wenn ich Ihnen Unbekannte diese Zeilen an Sie richte [...] Mama hielt die Schriftstücke stets als Religion." Sie schickte nun Schriftstücke ihrer Mutter, der Kaiserin, die diese von Charlotte erworben hatte, an die Urenkelin zurück. In der Wohnung hingen, nach Bericht des Journalisten Heinz Berggrün, Bilder von Gustav Heine, Charlotte von Embden und Helene Hirsch.

Marie war auch der Vorname von Gustav von Heine-Gelderns erstgeborener Tochter in Wien. Sie ehelichte 1868 Heinrich Graf Sisso (oder Syzo) de Noris, einen Major. Marie, Gräfin Sisso-Noris, war Miteigentümerin der Landtafelgüter Schönkirchen und Roggendorf in Niederösterreich, wohnhaft Goldeggasse 1. In der Zeitung „Der Tiroler" heißt es: „Die Baronin stand kürzlich vor den Gerichtsschranken in Wien, ihr gegenüber 18 Dienstmädchen, die in ihren Diensten gestanden und von der ‚Gnädigen' in einer Weise sind behandelt worden, wie vielleicht ein roher, herzloser Ochsenknecht, die ihm anvertrauten Tiere behandelt."[2]

Eines ihrer Kinder war Gustav Heinrich Graf Sisso de Noris, Statthalter des Ritterordens „vom Heiligen Grabe zu Jerusalem".[3] Dieser noch heute verbreitete Ritterorden hat weltweit rund 25.000 Mitglieder. Sein Ziel ist die Erhaltung und Verbreitung des katholischen Glaubens in Israel.

---

2   Die Zeitung: „Der Tiroler" vom 28.2.1901.
3   Das Adelsgeschlecht der Sizzo-Noris ist bereits im 11. Jahrhundert nachgewiesen. Gustav war mit Helene Freiin Traeger von Rhonhof verheiratet. Siehe auch: Gothaisches genealogisches Taschenbuch der gräflichen Häuser, 1941, bei Perthes.

Gustavs erster Sohn, der ebenfalls Gustav hieß, heiratete Regine Klein, eine Opern- und Operettensängerin, die in Wien und Prag aufgetreten war und die zugunsten ihres Ehemannes auf ihre weitere Karriere verzichtete.

Sohn Maximilian (–1929) fiel als junger 23-jähriger Baron Max von Heine-Geldern als K K Ulanen-Lieutnant sehr unangenehm auf. Er wurde sogar 1874 wegen des Verbrechens öffentlicher Gewalttätigkeit und Wachebeleidigung zu 15 Monaten schweren, respektive in Folge eines Gnadenaktes zu 15 Monaten einfachen Kerkers verurteilt. Er hatte bei einem Wettrennen die Anweisungen des Sicherheitsmanns missachtet, ihn verhöhnt und gerufen, er sei betrunken. Als er sich legitimieren sollte, ritt er davon. Befragt nach einer wilden Fahrt, wer er sei, antwortete er: „Ich brauche keine Legitimation. Ich bin Baron Heine." Die Kerkerstrafe wurde später auf 10 Monate abgemildert. In Folge dieser Strafminderung durfte der Verurteilte den Rest der Strafe in Wien abbüßen, wurde aber zu Adelsverlust und einer Zahlung verurteilt.[4]

Später vermählte sich Max mit Freiin Marian von Seidler, deren gemeinsamer Sohn Robert (–1968) ein bekannter Völkerkundler, Archäologe und Altertumsforscher wurde. Er war Mitglied verschiedener Institute und der Akademie der Wissenschaften, erhielt Orden und Auszeichnungen und schrieb mehrere wissenschaftliche Bücher. Während der NS-Zeit war er in die USA emigriert, kam danach aber schnell zurück. Sein Bruder Adolf (–1965) wurde Schriftsteller.

---

4   Zeitung: „Neues Fremdenblatt" vom 19. 4. 1874. Und Zeitung: „Morgen-Post" vom 5.7.1873

Der jüngste Nachkomme aus dieser Linie wurde 2009 geboren und heißt Prinz Casimir von Lokowicz. Sein Onkel Maximilian ist nach seinem Architekturstudium in das Noviziat der Jesuiten eingetreten mit dem Ziel, Priester zu werden.

Der heute in Wien lebende Baron von Heine-Geldern ist mit einer ungarischen Adligen, deren Mutter aus dem Hause Habsburg stammt, verheiratet.

Anhang

Literatur

Gretsch, Nikolai: Briefe über Hamburg (1835–1837–1841), Aus den Berichten eines russischen Reisenden, Hrsg. von Clemens Heithus, Hamburg 1992.

Hamann, Brigitte: Bertha von Suttner, Kämpferin für den Frieden, Wien 1986.

Heine, Heinrich: Werke, Briefwechsel, Lebenszeugnisse. Säkularausgabe. Hrsg. v. den Nationalen Forschungs- und Gedenkstätten der klassischen deutschen Literatur in Weimar [jetzt Klassik Stiftung Weimar] und dem Centre National de la Recherche Scientifique in Paris. Bd.I-XXVII, Berlin, Paris 1970 ff. [=HSA] Im Internet abrufbar.

Heine, Heinrich: Historisch-kritische Gesamtausgabe der Werke. In Verbindung mit dem Heinrich-Heine-Institut Hrsg. von Manfred Windfuhr im Auftrag der Landeshauptstadt Düsseldorf. Bd. I-XVI, Hamburg 1973-1997 [=DHA] Im Internet abrufbar.

Heine, Maximilian: Bilder aus der Türkei, nach eigener Anschauung skizziert von Doctor Maximilian Heine. Fragmente aus meinem nächsten erscheinenden Werke: „Charakteristik der heutigen

Türkei und ihrer Bewohner" Biarmia, 1833,
St. Petersburg 1. Deutsches Almanach.

Heine, Maximilian: Erinnerungen an Heinrich Heine
und seine Familie, Berlin 1868.

Hauschild, Jan-Christoph und Michael Werner:
„Der Zweck des Lebens ist das Leben selbst",
Heinrich Heine, eine Biographie, Frankfurt 2005.

Höhn, Gerhard und Christian Liedtke: Auf der
Spitze der Welt. Mit Heinrich Heine durch Paris,
Hamburg 2010.

Houben, Heinrich Hubert: Gespräche mit Heine,
Zum ersten Mal gesammelt und herausgegeben,
Frankfurt 1926.

Hosfeld, Rolf: Heinrich Heine, Die Erfindung des
europäischen Intellektuellen, München 2014.

Köhler, Werner: Zum 200. Geburtstag des Arztes
Maximilian Heine (1806-1879), 2006.

Kohut, Adolf: Berühmte israelitische Männer und
Frauen in der Kulturgeschichte der Menschheit,
Leipzig, Bd. H. 18. 1900.

Kruse, Joseph A.: Heinrich Heine, Leben-Werk-
Wirkung, Frankfurt 2005.

Kruse, Joseph A.: Heine-Studien, Heines Hamburger
Zeit, Hrsg. von: Manfred Windfuhr, Hamburg 1972.

Kruse, Joseph A.: Heine-Zeit, Stuttgart, Weimar 1997.

Liedtke, Christian und Sylvia Steckmest:
Heinrich Heine in Hamburg, Halle 2014

Meyer, Domherr: Darstellungen aus Russlands
Kaiserstadt und ihrer Umgegend bis Gross-
Novgorod im Sommer 1829, Hamburg 1829.

Müller-Dietz, Waltraut und Heinz: Zur Biographie
Maximilian (von) Heines. In: Heine-Jahrbuch
Düsseldorf 1987.

Preuß, Werner H.: „…widrigen Falls…die hiesigen Lande sofort zu verlassen." Aufenthaltsgenehmigung für die Familie Samson Heine – ein bürokratischer Vorgang. In: Heine-Jahrbuch, Hamburg 1987.

Preuß, Werner H.: Rudolph Christiani (1798–1858), Heinrich Heines eleganter Vetter – der „Mirabeau der Lüneburger Heide", Husum 2004.

Schulte, Klaus H. S.: Das letzte Jahrzehnt von Heinrich Heines Vater in Düsseldorf. Notariatsurkunden über Samson Heines Geschäfte (1808–1821), in: Heine-Jahrbuch 1974.

Steckmest, Sylvia: Salomon Heine, Bankier, Mäzen und Menschenfreund, Die Biographie eines großen Hamburgers, Hamburg 2017.

Strodtmann, Adolph: H. Heine's Leben und Werke, Bd. 1. Berlin 1873.

Wadepuhl, Walter: Heinrich Heine, Sein Leben, seine Werke, München 1977.

Werner, Michael (Hrsg.): Begegnungen mit Heine, Berichte der Zeitgenossen. In Fortführung von H.H. Houben „Gespräche mit Heine", Bd. 1 und 2. Hamburg 1973.

Stammtafeln

Die mütterliche Linie: Peira van Geldern

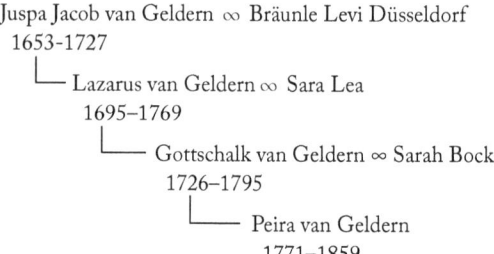

Juspa Jacob van Geldern ∞ Bräunle Levi Düsseldorf
1653-1727

└── Lazarus van Geldern ∞ Sara Lea
    1695–1769

       └── Gottschalk van Geldern ∞ Sarah Bock
          1726–1795

             └── Peira van Geldern
                1771–1859

Der Vater und seine Brüder: Samson Heine

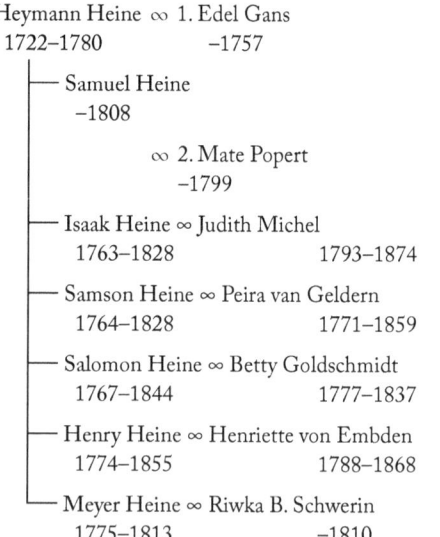

Heymann Heine ∞ 1. Edel Gans
1722–1780   –1757

  ├── Samuel Heine
  │   –1808

  │   ∞ 2. Mate Popert
  │   –1799

  ├── Isaak Heine ∞ Judith Michel
  │   1763–1828   1793–1874

  ├── Samson Heine ∞ Peira van Geldern
  │   1764–1828   1771–1859

  ├── Salomon Heine ∞ Betty Goldschmidt
  │   1767–1844   1777–1837

  ├── Henry Heine ∞ Henriette von Embden
  │   1774–1855   1788–1868

  └── Meyer Heine ∞ Riwka B. Schwerin
     1775–1813   –1810

Heinrichs Geschwister und ihre Nachkommen

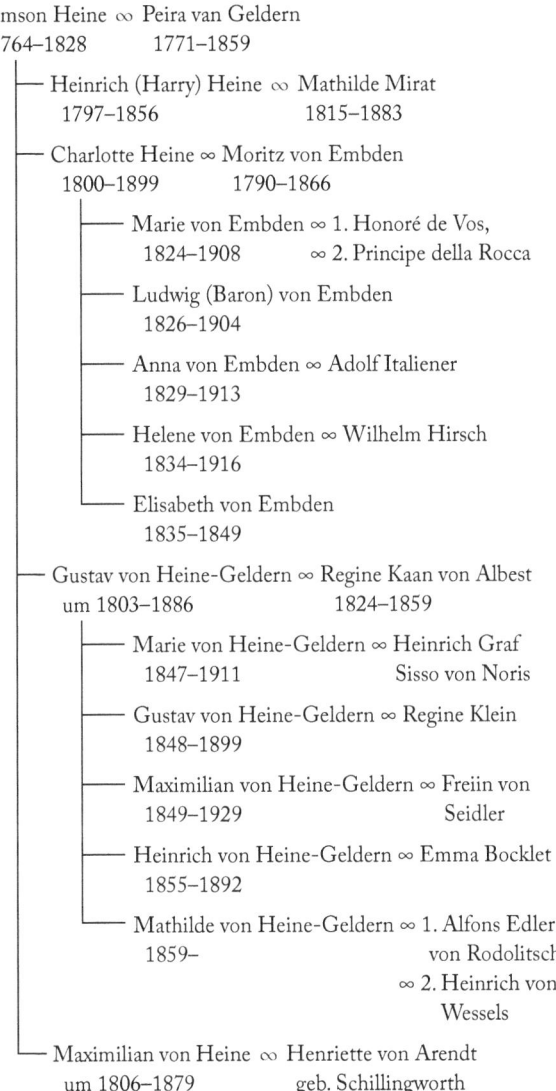

Samson Heine ∞ Peira van Geldern
1764–1828   1771–1859

— Heinrich (Harry) Heine ∞ Mathilde Mirat
   1797–1856   1815–1883

— Charlotte Heine ∞ Moritz von Embden
   1800–1899   1790–1866

       — Marie von Embden ∞ 1. Honoré de Vos,
          1824–1908   ∞ 2. Principe della Rocca

       — Ludwig (Baron) von Embden
          1826–1904

       — Anna von Embden ∞ Adolf Italiener
          1829–1913

       — Helene von Embden ∞ Wilhelm Hirsch
          1834–1916

       — Elisabeth von Embden
          1835–1849

— Gustav von Heine-Geldern ∞ Regine Kaan von Albest
   um 1803–1886   1824–1859

       — Marie von Heine-Geldern ∞ Heinrich Graf
          1847–1911   Sisso von Noris

       — Gustav von Heine-Geldern ∞ Regine Klein
          1848–1899

       — Maximilian von Heine-Geldern ∞ Freiin von
          1849–1929   Seidler

       — Heinrich von Heine-Geldern ∞ Emma Bocklet
          1855–1892

       — Mathilde von Heine-Geldern ∞ 1. Alfons Edler
          1859–   von Rodolitsch
                        ∞ 2. Heinrich von
                           Wessels

— Maximilian von Heine ∞ Henriette von Arendt
   um 1806–1879   geb. Schillingworth

Nachwort

Bekannt war vermutlich vielen Lesern, dass Heinrich Heine Geschwister hatte, doch wie sie hießen, wo sie lebten, was sie taten und in welchem emotionalen und intimen Verhältnis sie zu dem berühmten Dichter Heinrich Heine standen, war sicherlich nur wenigen bekannt. Bedenkt man die Entfernungen zwischen den Geschwistern in Hamburg, Paris, Wien und St. Petersburg, dann wundert es nicht, dass sie sich nicht allzu oft sahen. Der Kontakt durch einige Reisen und das Schreiben vieler Briefe blieb jedoch erhalten und war zeitweilig sehr eng. Wie gut, dass das Telefon noch nicht erfunden war …

Erschienen ist bislang ein Artikel im Heine-Jahrbuch über Maximilian Heine, doch zu Charlotte verh. von Embden, ihren Nachkommen und zum Bruder Gustav in Wien, ist, soweit ich weiß, noch nichts ausführlich publiziert worden. Dank des großen Briefbestandes im Heine-Institut in Düsseldorf, im Internet unter „Heine-Portal" abrufbar, und der Heine-Biographien, war es leicht möglich, eine umfangreiche Vita der Geschwister zu erstellen. Informationen aus dem Hamburger Staatsarchiv, besonders die über den Adelstitel von Gustav, regten mich zu diesem Büchlein an. Weitere unveröffentlichte Briefe von Salomon Heine an seinen Neffen Maximilian erhielt ich vom Heinrich-Heine-Institut. Alte und neue Bücher sowie Artikel aus diversen Zeitungen gaben mir detaillierte Informationen. Besonders bedanken möchte ich mich bei Christian Liedtke, der das eindrucksvolle und umfangreiche Vorwort schrieb und mit dem ich das Büchlein über Heinrich Heine in Hamburg (2014, erschienen im Mitteldeutschen Verlag, Halle) erarbeiten durfte.

Sylvia Steckmest ist in Hamburg geboren. Seit vielen Jahren forscht sie zu jüdischen Familien. Veröffentlichungen u.a. in verschiedenen Heine-Jahrbüchern, in den Zeitschriften „Maajan" und „Liskor" sowie im Buch zu Salomon Heine in Hamburg, Geschäft und Gemeinsinn, von 2013. Mit Christian Liedtke schrieb sie über Heinrich Heine in Hamburg, erschienen 2014. Neu erschien 2017 ihr Buch: Salomon Heine, Bankier, Mäzen und Menschenfreund, Die Biographie eines großen Hamburgers, im Verlag Die Hanse, Hamburg.

Christian Liedtke ist in Hamburg geboren und lebt seit vielen Jahren in Düsseldorf. Er studierte Germanistik und Philosophie. Viele seiner Text- und Buch-Veröffentlichungen sind dem Thema Heinrich Heine gewidmet. Er ist wissenschaftlicher Mitarbeiter des Heinrich-Heine-Instituts in Düsseldorf.

Sylvia Steckmest

Salomon Heine

Bankier, Mäzen und Menschenfreund
Die Biographie eines großen Hamburgers

Die Hanse

ISBN: 978-3-86393-077-6,
343 Seiten, 28 Euro

STATIONEN

HEINRICH HEINE
IN HAMBURG

CHRISTIAN LIEDTKE
SYLVIA STECKMEST

mitteldeutscher verlag

ISBN: 978-3-95462-233-7,
72 Seiten, 7,95 Euro